新时代智库出版的领跑者

国家智库报告 2024（22）
National Think Tank

经 济

电商兴起与农村社会经济发展

崔红志 等著

THE RISE OF E-COMMERCE AND RURAL SOCIAL AND ECONOMIC DEVELOPMENT

中国社会科学出版社

图书在版编目（CIP）数据

电商兴起与农村社会经济发展 / 崔红志等著. --北京：中国社会科学出版社，2024.12. --（国家智库报告）. -- ISBN 978-7-5227-4516-9

Ⅰ．F724.6；F323

中国国家版本馆 CIP 数据核字第 20240GJ988 号

出 版 人	赵剑英
责任编辑	刘晓红
责任校对	阎红蕾
责任印制	李寡寡
出　　版	中国社会科学出版社
社　　址	北京鼓楼西大街甲 158 号
邮　　编	100720
网　　址	http://www.csspw.cn
发 行 部	010-84083685
门 市 部	010-84029450
经　　销	新华书店及其他书店
印刷装订	北京君升印刷有限公司
版　　次	2024 年 12 月第 1 版
印　　次	2024 年 12 月第 1 次印刷
开　　本	787×1092　1/16
印　　张	13.5
字　　数	156 千字
定　　价	76.00 元

凡购买中国社会科学出版社图书，如有质量问题请与本社营销中心联系调换
电话：010-84083683
版权所有　侵权必究

序　　言

　　电商是一种创新性商业模式，在最近几年快速发展。商务大数据监测，2023 年全国农村网络零售额达 2.5 万亿元，较 2014 年增长近 13 倍。同年，全国农产品网络零售额达 5870.3 亿元，约为 2014 年的 5 倍。2024 年中央一号文件明确提出，实施农村电商高质量发展工程，推进县域电商直播基地建设，发展乡村土特产网络销售。农村电商发展不仅改变了农产品的交易方式，而且深刻影响了农民的生产方式、生活方式和基层治理模式。本报告研究的出发点在于分析农村电商的多维度和综合性功能，从而加深社会各界对发展农村电商重要性的认识，进而形成与农村电商发展相适应的公共政策和制度安排。

　　本报告的内容分为三大板块。其中，第一章和第二章以文献研究方法为主，辅之以案例研究，分析了农村电商发展的现状，总结了农村电商的内涵、发展历程、发展模式和影响因素；第三章至第六章为核心章节，是关于农村电商发展的社会经济效果和影响的研究，基于已有文献和实地调研，着重分析农村电商发展对农民收入的影响、农产品低价上行的问题、电商参与对农业生产绿色化转型的影响、农村电商发展对乡村治理的影响等；第七章和第八章是案例研究，分别基于村淘网和菜鸟在乡村发展的实践，总结电商发展的社会经济影响和效果。各章的研究结论如下。

第一章分析了农村电商的内涵、发展阶段与发展模式。本章的分析表明，中国农村电商的发展遵循"点—线—面—体"的路径，大致可以划分为萌芽阶段、成长阶段、成熟阶段、后发展阶段四个阶段。萌芽阶段（2005—2010年）的表现为"点"的出现：少数能人及组织采用电子商务。成长阶段（2011—2015年）的表现为"线"的延伸：电商平台持续下沉，带动农户对电子商务的运用。成熟阶段（2016—2019年）的表现为"面"的形成：电商生态系统深化，促进农村社区电子商务的发展。后发展阶段（2020年至今）的表现为"体"的覆盖：直播助农，遍布城乡市场。近年来，随着电商不断向农村地区扩展，各地依据自身的条件，形成了各具特色的发展模式。本章根据电子商务的参与主体、县域类型与驱动力三类标准，对农村电商的发展模式进行分类。

目前，中国农村电商发展呈现很大的差异性，不同区域甚至同一个乡镇的不同村庄之间的电商发展水平都有很大差异，不同农民的电子商务利用程度也有很大差异。第二章从外部和内部两个维度，分析了影响农村电商发展的因素。其中，外部影响因素主要包括道路交通、网络设施及冷链物流等基础设施条件、网络信息技术和生产技术、产业基础、区位优势、政策支持，内部影响因素则主要包括社会网络、企业家才能。

作为一种新型销售方式，农村电商发展的直接目的是促进农产品卖出去并卖上好价钱，从而提高农业生产者的农业经营收入。第三章通过理论逻辑和实证研究，分析了农村电商发展对农户收入的影响。该章的分析表明，在电子商务情境下，农产品消费半径极大扩展，农产品消费市场扩大，在一定程度上降低了农产品滞销风险。而且农村电商增强消费群体类型的差异化，确保了各种档次的农产品都能够顺利出售。实证分析结果显示，农村电商促使农户家庭农业经营收入提升 11.2%。本章的研究还表明，目前电子商务在农户农产品销售环节的渗透率仍然较低。农户通过电子商务渠道销售农产品的意愿与通过电子商务销售农产品的农户数量之间存在差距。也就是说，有很大一部分农户愿意通过电子商务渠道销售农产品，但是由于各种原因没有实现。这一结论表明，农村电商有很大的发展空间，推进农村电商发展有很强的紧迫性。

农产品上行中的低价现象比较普遍，很多农产品的销售价格低于同品种、同等级农产品的市场价甚至低于成本价。第四章分析了农产品低价上行问题。该章的分析表明，农产品的低价上行是在流量算法逻辑下，平台经济从增量竞争向存量竞争转型的必然结果。但从根本上看，农产品低价上行是产能过剩与同质化竞争并存、分级标准引导性不足、品牌化发展滞后等供给侧问题的反映。农产品低价上行不仅直接对农产品电商市场秩序形成明显干扰，而且削弱了农产品"优质优价"的实现基础，抑制了农业生产经营者提质转型的积极性，激化了产区间的"劣币驱逐良币"现象。

农业生产绿色化转型是时代要求。农村电商发展不可避免地对农业生产的绿色化转型产生影响。第五章基于山西省运城市临猗县、万荣县红富士苹果生产的调研数据，对农业经营主体参与电商与苹果种植绿色化转型之间的关系进行分析。该章的分析表明，电商参与具有明显的绿色化转型效应，主要表现为农户参与电商能够减少化肥使用量、增加有机肥使用量、规范施药行为。电商参与对苹果生产绿色化转型的促进机制是优质优价机制、监督检测机制和售后反馈机制。但农村电商推动苹果种植绿色化转型仍存在一些问题和挑战，主要表现为农村电商参与的技术门槛高，新型农业经营主体对小农户的引领作用弱、品牌建设程度低及苹果种植规模小且分散，这些问题导致小农户的电商参与程度低、获利少、绿色转型动力不足。此外，通过电商平台交易的农产品需要持续、稳定、标准的产品供给支撑，这对于产品供给方的生产规模和产品供给链条均提出了相应的要求，但小农户难以满足这种要求，从而在一定程度上抑制了小农户绿色生产的积极性。

"乡村治，则百姓安"，实现乡村有效治理是乡村全面振兴和国家治理能力现代化的重要内容。第六章是关于农村电商发展对乡村治理的影响。该章的分析表明，电商发展不仅对乡村社会治理的有效性提出了更高要求，并且通过优化村干部队伍结构、提高村干部服务意愿、培育农民契约精神、改善家庭内部关系等途径，对形成乡村善治的治理结构产生了积极影响。

第七章基于阿里巴巴村淘网对乡村发展的影响，分析了农村电商的综合性影响，为农民增收开辟了新的途径。农产品生产与销售在空间和时间上分离，将分散的小农户和大市场对接起来，从而可以在根本上改变农业生产形态。改变了城乡资源配置结构，实现了教育资源、文化资源和信息资源的跨地域共享。改变改革开放以来城乡人口流动的趋势，有助于实现乡村人才振兴。

第八章基于菜鸟的实践创新，分析了快递进入乡村的社会经济积极影响。在经济方面的积极影响主要表现为聚焦"三提一缩",提高了商品流通效率;降低交易成本,缓解了农产品市场供求错配;延伸服务触角,帮助了农业专业化、规模化发展;服务农村社会,催化了新型农业经营主体产生;扩宽兼业渠道,拉升了农户收入水平;汇聚物流人流,推动了村级经济服务中心的建立;改善商住环境,促进了人口布局合理化。对乡村社会的积极影响主要表现在培育了农民的契约精神,增强了农民的经济核算意识;拓展社会网络,农村有机会获得更多信息和社会资源;创新农业生产方式和经营模式;为乡村振兴培养和储备人才。

本报告涉及的调研地区较多。主要包括浙江建德、湖北武汉、广西南宁、上海崇明、山东淄博、海南海口、福建武平、云南普洱、山西运城等地。调研对象主要包括不同类型电商平台、不同规模网店、不同类型的种养殖农户,涵盖生产者、种养殖基地、合作社、田头代办、农业企业、供应链企业、平台商家、数字企业业务团队、社区团点、消费者等主体。

本报告是由中国社会科学院农村发展研究所(以下简称农发所)批准立项的重点课题,农发所领导及办公室和科研处对研究推进提供了大量的支持和配合。本报告是由课题组成员之间既有分工又有合作而形成的集体性成果。各章的作者如下:第一章和第二章,西南大学经管学院熊雪副教授;第三章,中国社会科学院大学应用经济学院刘佳博士研究生;第四章,中国社会科学院农村发展研究所崔红志研究员、王瑜副研究员,中国农业科学院农业信息研究所李越副研究员;第五章,中国社会科学院大学应用经济学院王彦君博士研究生;第六章,中国社会科学院大学应用经济学院贾琦博士研究生；第七章，中国社会科学院农村发展研究所于建嵘教授；第八章，中国社会科学院农村发展研究所党国英研究员、谭秋成研究员、杨园争副研究员，广西师范大学经管学院刘津副教授。崔红志研究员对各章节进行了统稿。贾琦对相关章节的数据进行了更新和完善。中国社会科学院农村发展研究所杜鑫研究员、陆雷副研究员、陇东学院刘亚辉副教授在课题研究框架、方法及内容修改等方面，提出了很好的建议。特别指出的是，于建嵘教授不仅为本报告提供了经费支持，而且在研究思路、研究框架和研究内容等方面给予了指导。

本报告研究为博士生和青年科研人员的成长提供了载体，一些博士研究生和青年科研人员实质性地参与到了项目研究之中，科研能力有了一定提升。本报告研究的时间跨度较长，形成了具有重要价值的学术论文、内参报告、报刊文章等阶段性成果。

农村电商是数字技术这一新质生产力在"三农"领域的具体运用形式。在现实需求和政策支持的宏观背景下，农村电商将会更加快速地发展，也会对农村社会经济发展产生更加深刻和广泛的影响。本报告作为项目的阶段性成果还存在很多不足之处，敬请同行批评指正。

崔红志

2024 年 8 月

摘　　要

电商是一种创新性商业模式。电商兴起以及在农村地区的快速发展，不仅改变了农产品的交易方式，而且产生了深刻的社会经济效果和影响。本报告基于文献研究与案例研究相结合的研究方法，分析和总结了农村电商的内涵、发展模式、发展条件以及社会经济影响；采用定性研究和定量研究相结合的研究方法，分析了电商兴起对农产品销售、农业绿色生产、基层治理等方面的效果和影响。

农村电商发展经历了萌芽阶段（2005—2010年）、成长阶段（2011—2015年）、成熟阶段（2016—2019年）和后发展阶段（2020年以来）四个阶段。根据农村电商的参与主体、县域类型与主要驱动力三类标准，形成了不同的农村电商发展模式。道路交通、网络设施以及冷链物流等基础设施条件、电商平台和社交平台、产业发展基础、区位条件、政策支持是影响农村电商发展的外部因素；社会网络、企业家才能是影响农村电商发展的内部因素。

农村电商发展降低了农产品滞销风险，也因为增强消费群体类型的差异化，促进了各种档次的农产品都能够顺利出售，能够使农户家庭农业经营收入提升11.2%。目前，农村电商在农产品销售环节的渗透率仍然较低，很大一部分农业生产主体愿意通过电子商务渠道销售农产品，但是由于各种原因而没有实现。推进农村电商发展有很强的紧迫性。

农产品能够卖上好价钱是实现农民增收的重要因素。但是，目前农产品上行中的低价现象比较普遍，一些农产品的线上卖家低于同品种、同等级产品的线下卖家。农产品低价上行是在流量算法逻辑下，平台经济从增量竞争到存量竞争转型中的结果。但是本报告的分析表明，农产品产能过剩与同质化竞争并存、分级标准引导性不足、品牌化发展滞后等农业供给侧问题是形成农产品低价上行的本质原因。加快快推进农业供给侧结构改革，是改变农产品上行低价现象的关键。

农业生产绿色化转型是时代要求。农村电商通过优质优价机制、监督检验机制和售后反馈机制，减少了农业生产的化肥、农药等化学投入品的使用量，从而对农业生产绿色化转型产生了积极影响。

"乡村治，则百姓安"，治理有效是乡村振兴和国家治理能力现代化的重要内容。农村电商通过优化农村干部队伍结构、提升村干部为村民服务的意愿、培育农民的契约精神、改善家庭内部关系等途径，对形成乡村善治的治理结构产生了积极影响。

Abstract

E-commerce, as an innovative business model, has experienced significant growth, particularly in rural areas. This surge has not only transformed the transaction methods for agricultural products but also led to profound socioeconomic effects and implications. This report employs a mixed-methods approach, combining literature reviews and case studies, to analyze and summarize the theoretical connotations, development models, enabling factors, and socioeconomic impacts of rural e-commerce. By integrating qualitative and quantitative research methods, the report examines the impacts of e-commerce on agricultural product sales, green agricultural production, and grassroots governance.

The development of rural e-commerce has progressed through four distinct phases: the nascent stage (2005-2010), the growth stage (2011-2015), the maturity stage (2016-2019), and advanced stage (2020 onwards). Based on three criteria, namely, participating entities, county types, and primary driving forces, various development models for rural e-commerce have emerged. The factors influencing the development of rural e-commerce include both internal and external factors. External factors encompass infrastructure conditions such as transportation, internet facilities, and cold chain logistics, as well as e-commerce platforms, social media platforms, industrial development foundations, locational conditions, and policy support. Internal factors include social networks and entrepreneurial talent.

The advancement of rural e-commerce has mitigated the risks of agricultural product surplus and, by enhancing the diversity of consumer demographics, has facilitated the successful sale of agricultural products across various tiers, leading to an 11.2% increase in household agricultural income. Currently, the penetration rate of rural e-commerce in the agricultural product sales sector remains relatively low. A significant portion of agricultural producers express a willingness to sell their products through e-commerce channels, but they are unable to do so due to various constraints. Urgent measures are needed to foster the development of rural e-commerce.

Achieving favorable prices for agricultural products is a crucial factor for increasing farmers' incomes. However, the phenomenon of low pricing in the online sale of agricultural products is prevalent, with some online sellers offering prices lower than those of offline sellers for the same varieties and grades. This low pricing trend results from the transition of platform economies from incremental to stock competition, driven by trafficbased algorithm logic. At its core, the low pricing trend in agricultural product sales is driven by several key issues on the supply side, including overcapacity, homogeneous competition, inadequate guidance on grading standards, and slow progress in brand development. Accelerating agricultural supply-side reforms is crucial to addressing this issue.

The green transformation of agricultural production is a contemporary requirement. Rural e-commerce has positively impacted this transformation by reducing the use of chemical inputs, such as fertilizers and pesticides, through mechanisms that emphasize high quality and favorable pricing, as well as through enhanced supervision and inspection, and robust after-sales feedback.

"Effective governance ensures the well-being of the people." Effective governance is a critical aspect of rural revitalization and the modernization of national governance capabilities. Rural e-commerce fosters good governance structures by optimizing the composition of rural leadership, enhancing the service willingness of village cadres towards residents, cultivating a spirit of contract among farmers, and improving internal family relationships.

目 录

第一章 农村电商的内涵、阶段与模式 …………………（1）
  一 农村电商的内涵 ……………………………………（1）
  二 农村电商的发展阶段 ………………………………（2）
  三 农村电商的发展模式 ………………………………（10）

第二章 农村电商发展的影响因素 ……………………（19）
  一 外部影响因素 ………………………………………（19）
  二 内部影响因素 ………………………………………（29）

第三章 农村电商发展对农户收入影响的实证分析 …（33）
  一 理论分析 ……………………………………………（33）
  二 数据来源、变量选取与模型设定 …………………（37）
  三 实证分析结果 ………………………………………（49）
  四 分析与结论 …………………………………………（59）

第四章 农产品低价上行问题研究 …………………………（62）

  一 农产品低价上行之因：供需形势、品牌痛点与

    引流催化 ………………………………………………（62）

  二 农产品低价上行之殇：低水平竞争与

    "劣币驱逐良币" ………………………………………（70）

  三 推动电商进一步发挥好助农引擎力量 ………………（78）

第五章 电商参与对农业生产绿色化转型的影响

    ——以山西省运城市临猗、万荣两县红富士苹果为例 ……（84）

  一 引言 ……………………………………………………（85）

  二 电商参与对苹果种植绿色化转型的积极影响 ………（88）

  三 电商参与对苹果种植绿色化转型的影响机制分析 …（94）

  四 农村电商推动农业生产绿色化转型的困境 …………（106）

  五 推进电商参与以促进农业生产绿色化转型的

    政策建议 ………………………………………………（113）

第六章 农村电商发展对乡村治理的影响 ……………………（118）

  一 引言 ……………………………………………………（118）

  二 农村电商促进乡村善治的基本逻辑与实践经验 ……（120）

  三 结论与建议 ……………………………………………（139）

第七章　互联网企业对乡村发展的积极影响
　　——基于村淘网的实证研究 ……………………（142）
　　一　农村淘宝：互联网企业影响农村发展的典型案例 ……（142）
　　二　互联网进入乡村的综合性影响 …………………（155）
　　三　对策建议 ……………………………………（157）

第八章　快递进入乡村的社会经济积极影响
　　——来自对菜鸟的观察………………………………（161）
　　一　快递在乡村流通领域的创新 ………………………（162）
　　二　快递进入乡村对乡村经济的积极影响 ……………（166）
　　三　快递进入乡村对乡村社会的积极影响 ……………（172）
　　四　结论与建议 …………………………………（176）

参考文献 ………………………………………………（180）

第一章 农村电商的内涵、阶段与模式

一 农村电商的内涵

近年来，随着电子商务的快速发展，关于电子商务的讨论越来越多，成为学术界的热门研究主题。学者围绕"电子商务是什么？"展开广泛探讨，分别从不同的角度对什么是电子商务给出了诸多定义。在广义上，可将电子商务理解为通过一切信息技术手段，借助各种电子工具（包括电话、广播、电视、互联网、电子邮件等）进行的与商业有关的活动（曾亿武等，2016），这些活动包括采购、销售、客户关系管理、物流及供应链管理等。在狭义上，将电子商务定义为以网络为交易平台的商务活动（王胜、丁忠兵，2015）。

在广义范围内，将农村电商定义为以互联网信息技术为基础的商业模式在农业农村发展中的具体应用（曾亿武等，2016；崔凯、冯献，2018）。在狭义范围内，将农村电商理解为在农业生产的大背景下，围绕农产品的生产、经营而开展的提高农业生产相关的商务效率与质量的电子化交易和管理活动（王一辰，2017），包括农业生产的管理，农产品的网络营销、电子支付、物流管理及客户关系管理等（刘静娴、沈文星，2018）。

在农村电商领域，出现了多种相近概念。学者针对农村电商的相近概念进行了辨析。农村电商是指发生在农村地区的电子商务活动（叶秀敏，2014）。与城市电商相比，农村电商是与"三农"领域相关联的电子商务，主要是"工业品下乡"和"农产品进城"双向流通的电商（洪勇，2016）。农业电子商务是电子商务在农业领域的具体应用，是产业维度意义上的概念（曾亿武等，2016）。农产品电子商务是指将农产品生产加工与销售配送过程全面导入电子商务系统，利用信息技术与网络技术，在网上进行信息的收集、整理、传递与发布，同时依托生产基地与物流配送系统，消费者和生产者通过电子支付方式在网上完成产品或服务的购买和销售等业务的过程（杨跃辉，2011）。农民电子商务是指以农民为主体开展的电子商务活动，不仅包括农民作为经营主体从事和电子商务有关的经营活动，而且包括农民作为消费主体从电商平台购买各种生产资料和生活资料的行为（段禄峰、唐文文，2016）。

二 农村电商的发展阶段

随着国家信息化、网络强国以及电子商务相关战略的实施，互联网逐步延伸至农村，促使"三农"与互联网有机融合。农村电商的发展遵循"点—线—面—体"的路径，其发展可大致划分为四个阶段：萌芽阶段、成长阶段、成熟阶段（董坤祥等，2016；田真平、王志华，2017）、后发展阶段。崔凯和冯献（2018）认为，农村电商是以农民群体对信息技术的接受能力为基础，得益于政府扶持的服务环境和多方参与的市场环境，发展起来的新兴流通渠道。因此，本章将落脚政策支持、平台发展和经济效益三个方面，围绕着农村电商的四个发展阶段进行分析。

（一）萌芽阶段（2005—2010年）

"点"的出现：少数能人及组织采用电子商务。2005年，中国农村电商发展迎来历史机遇，为推动新农村建设，中共中央办公厅、国务院办公厅印发了《国家信息化发展战略纲要》。在政策支持与创业能人带动下（曾亿武等，2020），个别农民开始依托电子商务在农村地区开展"点"的贸易活动。

2005年，浙江省丽水市遂昌县出现网商开通网店销售当地的土特产。2006年，河北省邢台市清河县部分农户开始从事羊绒电子商务活动（邱碧珍，2017）。2006年江苏省徐州市睢宁县沙集镇东风村村民孙寒尝试在淘宝网上开办了当地的第一家网店，主营销售和加工简易拼装家具并获得成功（穆燕鸿、王杜春，2016）。这些创业能人的企业家精神是农村电商形成的关键动能（刘亚军、储新民，2017），在较大程度上影响着农村电商的发展。根据中国互联网络信息中心（CNNIC）的统计，截至2010年12月底，农村网民规模已达1.25亿人，占整体网民的27.3%，较2009年底增长了

16.9个百分点。

处于萌芽阶段的农村电商，在中共中央办公厅、国务院办公厅等部门颁布的政策支持下，再加上少数能人和组织积极发挥主观能动性，成功实现了电商创业的周边资源和条件的有机组合（曾亿武等，2020），使电子商务顺利嵌入农村地区，并呈零星状分布。但是，萌芽阶段存在的基础设施缺失、农户对电子商务认识不足、人才缺乏等问题（徐智邦等，2017），成为农村电商发展中的阻力。

（二）成长阶段（2011—2015年）

"线"的延伸：电商平台的下沉带动了农户对农村电商的运用。2011—2015年，国家颁布了一系列扶持农村电商发展的政策文件，如《商务部关于促进电子商务应用的实施意见》《国务院办公厅关于促进农村电商加快发展的指导意见》《"互联网+"现代农业三年行动实施方案》以及2015年中央一号文件，明确了农村电商的总体目标和具体任务，首次提出要"加强农产品电子商务平台的建设"，奠定了发展农村电商的政策基础，在这些政策的激励下，农村电商进入快速发展阶段。中国互联网络信息中心（CNNIC）的统计数据显示，2015年12月，中国农村网民规模达1.95亿人，农村网民占28.4%。农村电商服务站点已经覆盖1000多个县、近25万个村点，农村网购交易额达到3530亿元，同比增长96%，农产品网络零售额达到1505亿元，同比增长50%（刘根荣，2017）。国家政策导向和市场趋势表明了电商下乡是大势所趋，电商平台看准了农村市场，开始陆续下沉农村，阿里巴巴的"千县万村"计划、京东的"星火燎原"、苏宁的"乡村易购"、邮政的"邮掌柜"、联想的"云农场"等各类企业加速进入农村电商领域，电商平台在全国农村迅速铺开（黄艳平、谭亚萍，2019）。以淘宝网为代表的第三方电商平台具有准入门槛低、技术难度小、初始资金需求量少、使用客户多等优势（崔丽丽等，2014），使大量农户有机会进入网络市场，通过开设网店，形成区域内众多网店同时存在的现象，其本质上是一种包容性的创新（曾亿武等，2020）。

处于成长时期的农村电商，政策上得到了国务院、农业农村部、商务部及国家发展改革委等多部门的支持。在政策的指引支持下，电商示范县应运而生，2015年共评选出200个"电子商务进农村综合示范县"，中央给予了资金支持（商务部，2015）。政策资金的倾斜，不仅促使示范县电商的不断更新升级，也吸引了企业电商平台大规模地下沉农村，使大量农户有机会进入网络交易市场，实现了线上线下"双轨"交易，畅通了农产品交易渠道，带动了电商在农村地区的链条式发展。但在农村电商快速发展过程中，产品同质化现象较为严重，导致资源和市场的过度竞争，从而加快产业走向衰落（田真平、王志华，2017）。

（三）成熟阶段（2016—2019年）

"面"的形成：电商生态系统的深化，促进农村社区电子商务的发展。自2016年以来，国家颁布的涉及农村电商的政策法规文件约有20个，政策法规颁布的数量有所增加，内容也更加明确，如《关于促进电商精准扶贫的指导意见》《商务部 农业部关于深化农

商协作 大力发展农产品电子商务的通知》《关于开展 2018 年电子商务进农村综合示范工作的通知》《关于促进小农户和现代农业发展有机衔接的意见》《中共中央 国务院关于建立健全城乡融合发展体制机制和政策体系的意见》。

根据中国互联网络信息中心的统计（CNNIC），截至 2019 年，中国农村网民达 2.55 亿人，占网民整体的 28.2%，较 2018 年增长 3308 万人。2018 年全国农村网络零售额达到 1.37 万亿元，全国农产品网络零售额达到 2305 亿元，同比增长 33.8%（中商情报网，2019）。在国家政策的大力支持下，农村市场潜力凸显，促使各大电商平台不断拓宽拓深品牌下沉渠道及更新战略，如阿里巴巴继续打通聚划算、天天特卖和海抢购等多渠道。拼多多等后起之秀继续下沉农村地区，电商平台将更好地服务农村地区的脱贫攻坚。根据中国食品（农产品）安全电商研究院 2019 年 3 月发布的《2019 年中国农产品电商发展报告》，2018 年拼多多的网站成交金额（GMV）超过 4700 亿元，用户数高达 4.185 亿人，2018 年农产品及农副产品订单总额达 653 亿元，成为中国最大的农产品上行平台之一。截至 2018 年底，拼多多平台注册地址为国家级贫困县的商户数量超过 14 万家，年订单总额达 162 亿元。

处于成熟阶段的农村电商在资本、资源、配套设施、市场开拓、政府扶持、企业制度六大要素方面愈加成熟，出现大量统一规划的产业园（郑新煌、孙久文，2016），促使农村网民网络创业的集群（郭承龙，2015）。凭借进入门槛低、技术难度小、初始资金需求量少等优势，淘宝网日益成为农民参与电子商务的主要阵地（崔丽丽等，2014），区域内形成了"淘宝村"生态系统。通过对"淘宝村"的形成与发展进行了分析，曾亿武等（2015）将"淘宝村"的形成过程划分为民间草根力量自发发展，以及政府、协会和各类服务主体共同参与发展两个阶段。刘亚军和储新民（2017）将"淘宝村"的产业演化主要经历划分为萌芽、裂变式扩张和产业集群式发展三个阶段。2019年的阿里巴巴统计报告显示，中国淘宝村突破4000个，淘宝镇数量已经达到1118个，覆盖2.5亿人口。全国"淘宝村"和"淘宝镇"网店年销售额合计超过7000亿元，在全国农村网络零售额中占比接近50%，提供就业机会超过683万个（舒晶晶、何鹏，2019）。"淘宝村"通过成立电子商务协会谋求主动性集体效率（曾亿武等，2016），提升了农村电商产业集群竞争力（曹荣庆等，2018）。曾亿武等（2016）认为，几乎所有发展比较成熟的农村电商都寻求抱团合作，且都存在一个运行良好的电子商务协会，如遂昌县、成县等。电商协会发挥行业自律的作用，对恶性竞争加以约束，从而建立完备的产品质量评估体系，统一进行市场管理（郑新煌、孙久文，2016）。网商协会组织等社会创新因素及其相互作用，对商户网络销售业绩增长产生了显著的促进作用（崔丽丽等，2014）。

"聚集效应"是农村电商处于成熟时期的标志之一，聚集所产生的"淘宝村"是农户电商化与电商集群化的双重实现（张宸、周耿，2019）。电子商务协会则是聚集产生后的优化剂，优化集群的外部经济、规避产品同质化引发的恶性竞争、促进各级政府积极关注农村电商发展（曾亿武等，2016）。2016年，商务部、国务院扶贫办等 10 多个部委出台相关政策措施，主动寻求对农村电商的扶持空间，支持农村电商深入农村地区助力精准扶贫，促进电子商务在农村社区的运用与发展。根据商务部的数据，2019 年，商务部会同有关部门推动电商扶贫实现了对国家级贫困县的全覆盖，所有贫困县都已开通了电商。2019 年，全国贫困县网络零售额达到 2392 亿元，同比增长 33%（周凤梅、王辉，2020；中国互联网络信息中心公众号，2022）。成熟阶段的农村电商在促进农村社区电商发展的同时，由于农产品质量标准体系不完善、协会作用有限、人才匮乏、缺乏技术创新驱动力及线上金融服务体系（穆燕鸿、王杜春，2016），在一定程度上导致了农村电商发展的"降速"。

（四）后发展阶段（2020 年至今）

"体"的覆盖：直播助农，遍布城乡市场。2020 年初，受新冠疫情的影响，多地农产品出现滞销，为缓解卖难的问题，各地借助电商平台进行直播带货，为农产品插上了"云翅膀"，搭上了电商的"顺风车"。"电商平台+产品+网红+县（市、区）长"四位一体的直播带货新模式，为农产品上行和电商脱贫打开了新的大门。在政府扶持引导和网商互助的服务环境下（董坤祥等，2016），借助政府的公信力，采用市长、县长直播等方式，帮助农民拓宽销售渠道。借助明星、网红的流量吸引大量"粉丝"，扩大品牌效应。

中国互联网络信息中心（CNNIC）的统计数据显示，2022 年上半年，中国农村网民规模达 2.93 亿人，农村地区互联网普及率为 58.8%，较 2021 年 12 月提升 1.2 个百分点。中国农村互联网基础设施建设的全面覆盖，促使农村电商得到了快速发展，中国进入了全民直播时代，直播已经成为人们获取外界信息的重要方式之一（马文娟、马文艺，2019）。借助电商平台进行直播，使农产品信息的传播具有高时效性和高传播性的特点（郭娜、程祥芬，2020），畅通城乡之间的信息交流与农产品交易渠道，为农村地区农产品的销售带来潜在机遇与红利。另外，直播方式使产品能够直观地呈现，给观看者带来极大的真实体验感，从而激发观看者潜在的购买欲望（杨琨、杨伟，2017）。与此同时，电商巨头加入助力脱贫攻坚的行列，阿里巴巴、拼多多、京东等电商平台主动发挥渠道优势，参与农产品直播带货。拼多多以流量倾斜和百亿补贴等方式，开设了"抗疫助农专区"，帮助贫困地区解决农产品滞销卖难的问题。阿里巴巴以在线直播方式，举办农村电商培训网络公益课，惠及众多电商创业从业人员和贫困群众（大河网，2020）。苏宁拼购宣布助农18项举措，帮助农户销售农产品。惠农网联合新浪、中国农业展览协会农产品电商工作委员会也发起了"农产品供应保障联合行动"的倡议（红网，2020）。

政府扶持号召、明星网红效应及平台造势（马文娟、马文艺，2019），共同推动农产品销售，让农村电商成为脱贫致富新通道。2020年6月7日晚，湖南卫视携手芒果扶贫云超市、拼多多共同打造的《出手吧，兄弟!》"高能上货"，为湖南省的农产品爱心助力，2个多小时的"直播带货"活动销售额达1.02亿元（华声在线，2020）。2020年1—4月，遂溪县通过各类网络，共销售发货721万件，交易额达1.98亿元（南方网，2020）。根据阿里的统计，在

2018年阿里巴巴脱贫攻坚公益直播活动中，全国9位贫困县县长与淘宝网红共同推介50个贫困县域102款农产品，销售农产品超过千万元（新浪网，2019）。因此，依托网商平台直播带货是电商后发展阶段的新形态，是缓解农产品卖难问题、助力脱贫攻坚、促进城乡融合发展的重要途径。另外，在直播带货的新形势下，网红销售的农产品价格偏高、某些农产品存在严重的质量问题仍有待解决（郭娜、程祥芬，2020）。

三 农村电商的发展模式

近年来，随着电子商务不断向农村地区扩展，各地依据自身的条件，形成了各具特色的发展模式。不同学者对农村电商发展模式有着不同的划分标准，大量学者将电子商务划分为企业型电子商务模式与区域型电子商务模式。如许婵等（2015）将其划分为县域范围内的发展模式。本章在参考已有划分标准的基础上，结合农村电商发展的特点，将农村电商按照参与主体、县域类型和发展驱动力的不同进行分类。

（一）不同参与主体的农村电商模式

农村电商是"互联网+"农业中最为重要的内容，是推进现代农业发展的重要方式。近年来农村电商的发展模式经历了多个阶段，从最初的B2B模式、B2C模式、C2C模式发展到后来的C2B（消费者定制）模式、F2C（农场直供）模式、C2F（订单农业）

模式、O2O（线上线下）模式和CSA（社区支持农业）模式（陶钰等，2017）。

B2B模式是企业与企业之间通过互联网、企业内部网等进行交易并提供相关服务的模式（许婵等，2015）。B2B模式在农村电商中，农业企业通过自建农产品网站或在第三方中介平台注册成为会员，实现在线搜索农产品需求信息，报价、洽谈、合同签订、资金转移、选择物流供应商、结算等（杨静等，2008）。

B2C模式是企业与个人之间以互联网为主要手段，通过网站品牌提供商品和服务的一种直接交易的商业模式（毕玉，2021）。由于互联网改变了人们的消费方式，农产品加工与销售企业可通过网络客户端发送需求信息到商务信息网，从而指导农民的生产（刘可，2008），同时，农民也可以通过商务信息网发布农产品信息。

C2C模式是消费者与消费者买卖双方在线上交易平台直接进行商品交易的模式（朱邦耀等，2016）。目前，农村物流业主要将C2C模式运用在农资对内及农产品外销等对接方面，相关利益者能够借助电商平台获取海量信息，同时对平台中各类信息的真实性及有效性进行核对（王飞，2021）。由于农产品销量有限且农民的数字素养能力较低等问题的存在，从而制约了C2C模式在中国的布局。

C2B模式是个人通过互联网或电商平台向企业提供产品或服务的一种商业模式。个人可以为自己的产品或者服务定价，该模式具有一定的创新性（孟金睿，2020）。C2B模式拉近了终端消费者和上游供应商、生产商之间的距离，使供应链各方的交易成本降低，用户需求反馈速度提升。但其中有一些潜在的问题，如交易过程的复杂性与供应链过长等问题（张晟义、孙钦明，2019）。

F2C模式，是指从农场（Farm）直供消费者（Consumer）的农产品销售经营模式（汪强等，2023）。F2C模式的导入，优化了传统农产品供应链体系，减少了农产品流通的中间环节，降低了农产品的销售成本，提高了农民在农产品供应链中的主体地位，并形成了农户和消费者的"双赢"效果。但由于该模式下的交易物流由第三方提供服务，这便存在物流服务质量无法保障的问题（王保红，2011），再加上受场地限制和非标准化生产的影响，市场潜力还有待挖掘。

C2F模式，是指消费者（Consumer）在电商平台的有效引流下，通过互联网直接向农场主（Farm）大批量订购农产品的新型流通模式（吴智峰，2021）。不同于传统农产品流通主要采取产地收购—产地市场集散—销地市场集散—商贩零售—消费者现货交易模式（陈德宝，2013），C2F模式通过网络经济跨越时空局限，高效促成农产品产地信息与消费者市场需求信息的聚集交流，促进产销两地多对多交易匹配形成，充分发挥长尾效应，迅速消化大批量农产品，化解农产品分散性、季节性和易腐性等难点，赋能农村产业经济新发展（吴智峰，2021）。

O2O模式，是一种将线下的商务机会和支付模式与线上的客流量相结合的模式（廖衡，2021）。这种模式使互联网成为线下交易的平台，通过充分挖掘线下资源，使线上用户与线下商品和服务实现交易。商家利用电商平台开设网店，根据网店、产品的基础信息，消费者在网店筛选并选择相应商品，完成支付，并且在线下进行消费体验和验证。该模式极大简化了以往复杂的流通环节，降低了流通成本，且在信息获取上更具优势，同时满足了商家和消费者双方的需求（张海彬，2016）。

CSA 模式，是由一群消费者共同支持农场运作的生产模式（郝茜，2019）。该模式下消费者提前支付预订款，农场在农产品丰收季定期直接向消费者提供安全的农产品，从而实现生产者和消费者风险共担、利益共享的合作形式（刘飞，2012）。CSA 模式与生态相容，是一种环境友好型农业模式，具有规范化生产、健康化生活、风险共担、利益共享和直销等特点。促使农产品的生产销售方式在农民和消费者之间建立信任纽带，在满足消费者对健康农产品需求的同时促进小农场的发展（陈卫平等，2011）。

在不同交易主体的电子商务模式中，由于商超对人们生活的影响日益深刻，连锁超市在中国处于快速发展阶段，B2B 模式具有较大的发展潜力。而随着人们消费方式和消费观念的改变，电子商务的 B2C 模式也将有较大的发展空间。以 C2C 电子商务模式为代表的电子商务平台因其方便快捷及经营灵活等优势在中国快速发展（朱邦耀等，2016）。C2B 模式能够降低采购的成本，减少中间环节的支出。O2O 是当下较为流行的一种电子商务模式，线上线下的"双线"营销方式不仅便捷购物，而且能够提升消费者的线下体验感。在中国农村地区，随着电商平台不断深入，以淘宝网、拼多多等 C2C 平台为依托的电子商务处于快速发展阶段，因其经营灵活、门槛低等优势，使农户可通过这些平台开设店铺，实现农产品线上销售。生鲜农产品电商供应链模式以 B2C 为主，代表性平台有京东、天猫等。从长远来看，F2C 模式、C2F 模式和 CSA 模式形式新颖、可复制效仿，是"互联网+农业"的全新模式。在这些新模式下，主动推进传统农业企业与电商平台对接融合，是顺承 B2B 模式、C2B 模式的进一步延伸，未来可能会成为传统农业互联网转型的重要方向。

（二）不同县域类型的农村电商模式

随着电子商务在中国农村的应用和推广，农民开始学习效仿并参与到农村电商发展过程中。随着农村实践的深化产生了新交易主体，产业结构也随之发生变化。导致各地农村电商呈现多样化的发展形态，发展模式不断演化和升级（崔凯、冯献，2018）。不同县域电子商务模式之间存在相似性，本部分以研究文献为基础，对四种典型农村电商模式进行综述。

沙集模式：可概括为"网络+公司+农户"的模式（刘亚军等，2016）。沙集模式源于江苏省徐州市沙集镇东风村，该镇的经济主导产业经历了养猪、废旧塑料回收加工、网店销售及加工三个阶段（穆燕鸿、王杜春，2016）。受中国日益严格的环保政策的影响，自 2006 年开始，以做简易家具电商的"电商三剑客"出现并获得成功为标志（于含、张昶，2016），随后周边农民凭借敏锐的市场洞察力，依托互联网技术，自发、主动地创办网店以及板材加工公司，从事简易拼装家具的加工及网络销售。网店模式得到全镇大量农民的快速成功复制，带动整个家居产业链的裂变式发展，形成了独具特色的沙集模式，为当地弱势群体带来了就业机会，使当地进入享受数字经济带来的红利的包容性增长阶段（邱碧珍，2017）。

通榆模式：可概括为"生产方+电子商务公司"的模式。通榆县地处吉林省白山市，最大的优势是生态优势，尤其是生态农业资源优势（穆燕鸿、王杜春，2016）。通榆县利用其生态资源优势，在经营模式上，采取政府授权第三方电子商务公司运营的方式，成立了公司，同时通榆县政府与杭州某公司联手，以代表通榆县优质杂粮杂豆的"三千禾"为品牌，将通榆县优势农副产品以统一品牌、原产地直供销往全国（邱碧珍，2017）。在营销渠道上，该县与天猫、1号店等签订原产地直销战略合作协议，通过统一的品牌、统一的包装、统一的形象、统一的物流配送、统一的服务，形成了"电子商务+基地化种植+科技支撑+深加工"的通榆模式（付秀平，2017）。

成县模式：可概括为"农户+网商"的模式，按照品牌、物流、网店、宣传"四位一体"跟进的发展思路（穆燕鸿、王杜春，2016），为政府营销与打造"爆款"提供路线（邱碧珍，2017）。成县隶属甘肃省陇南市，地处秦巴山片区，山地较多，工业经济差，但农林产品资源丰富（于含、张昶，2016），该县电子商务的发展和县委的支持推动有着密不可分的关系（姚庆荣，2016）。2013年，县委书记带头并带领党政干部、大学生村干部等通过微博、微信集中推广成县的核桃，开展媒体公关活动，对农民进行培训，在成功打响核桃的知名度后，带动成县其他农产品上线。为解决供应、配送及培训等问题，在政府的驱动下，成县成立了电子商务协会、电子商务产业园和农产品交易中心，并在村里设立了农村淘宝服务站（邱碧珍，2017）。

清河模式：可概括为依托专业市场丰富的产品资源和健全的产业链的"专业市场+电子商务"模式。清河电商的起步与2008年的国际金融危机有关，受国际金融危机的冲击，清河羊绒的出口额下滑严重。在这种情况下，当地政府制定了通过电子商务提升羊绒产业的销售额和促进产业转型升级的战略方针（邱碧珍，2017），提出了"线上线下互动，有形市场与无形市场互补"的发展思路，先后建成了电子交易中心、网络交易市场，并积极引进培训机构、速递物流公司、美工摄影公司等第三方服务商（于含、张昶，2016）。清河依托当地的羊绒产业，加工羊绒制品，通过农户开设网店进行销售（姚庆荣，2016）。此外，清河还成立了电子商务产业园、引进了专业机构（物流、人才、研发、供应等）、拉动了传统产品销售（刘根荣，2017）。

县域农村电商的发展离不开当地的自然资源、产业基础、人才供给和政策支持。沙集模式的形成与具有敢为人先的人才资源密切相关，通榆模式依托当地自然生态资源而产生，成县在利用政府资源的基础上建立，清河模式则与其自身的产业基础密不可分。资源优势是县域电子商务发展的基础，政策的扶持是发展的推动力。县域内电子商务协会、电子商务产业园等组织的建立是政策扶持与区域内电商优化升级的产物，是实现区域内资源整合，促进县域电商规模化、生态化，推动县域经济高质量发展的新引擎、新动力。

（三）不同驱动力的农村电商模式

自上而下模式：在国家的大力支持下，农村与农业网站的数量也在急剧增加（程红莉，2014），遂昌模式是中国自上而下的电商模式的典型性代表。浙江省丽水市遂昌县在政府主导、企业运营、社会参与的自上而下模式的共同推动下，形成"电子商务综合服务商+网商+传统产业"的发展模式（穆燕鸿、王杜春，2016）。遂昌模式是以本地化电商综合服务商为核心，以网商为基础，以传统产业为动力，以政策环境为催化剂，由政府和企业自上而下推动而产生的新兴电商模式（董坤祥等，2016）。2010年，由遂昌县委、县工商局、县经贸局及多家机构共同发起成立电子商务协会——遂昌县网店协会（曹荣庆等，2018）。该协会为网商提供免费的开店培训，免费制作产品包上传至分销平台供网商下载，免费提供统一采购、统一包装、统一仓储、统一配送、统一物流等运营服务（于含、张昶，2016），形成了政府推动、协会助力，帮扶网商的格局。

自下而上模式：沙集模式是农村电商自下而上自发式发展而成的典型代表，网商是县域电子商务发展的核心。沙集网商发展以农民为主体，坚持家庭经营（董坤祥等，2016），草根网商自发长成，从无到有催生了当地服务商及相关产业链的形成（王红等，2014），具有政府提供配套性服务、农民自发群体性效应带动发展的特点（郑新煌、孙久文，2016）。首先，从农户和网络之间的关系来看，该模式是由农户自发、主动地应用电子商务网络平台发展起来的模式。这是草根式的、自下而上的信息化应用。其次，从网络与公司的关系来看,该模式是由电子商务带动加工生产从而带动工业化发展的过程。最后,从公司与农户之间的关系来看,该模式是以公司为基础、以市场化新生态服务促进农民网商进一步成长的商业模式(邱碧珍,2017)。

不同驱动力的电子商务主要以遂昌模式与沙集模式为典型代表。遂昌模式是以自上而下的模式开展农村电商:遂昌优质的农特产品是该模式产生的基础,政府协会的双重助力是该模式发展的助推器,遂昌模式为具有良好的产业基础与完善基础设施的地区提供了经验借鉴。沙集模式以自下而上的模式开展农村电商:通过农户自发使用互联网从事网上交易活动,带动区域内电子商务生态体系的建立。沙集以销售简易拼装家具的发展模式进入门槛不高,对于工农业基础较薄弱的地区来说,沙集模式可能更具有示范效应。

第二章　农村电商发展的影响因素

目前，中国农村电商发展呈现很大的差异性，不同区域甚至在同一个乡镇的不同村庄之间的电商发展水平都大有差异，不同农民的电子商务利用程度也有很大差异。本章从外部和内部两个维度，分析了影响农村电商发展的因素。其中，外部影响因素主要包括道路交通、网络设施及完善的物流设施等基础设施条件，网络信息技术和生产技术，产业基础，区位优势，政策支持；内部影响因素则主要包括社会网络、企业家才能。

一　外部影响因素

（一）基础设施条件

在发展中国家和地区，基础设施制约着农村电商的发展。其中道路交通、网络设施及完善的物流设施是制约农村电商发展的短板。

道路的承载力决定了车辆的运输上限，交通便利程度影响着运输的速度和成本（曾亿武等，2020）。完善的道路交通条件，有利于提高运输效率和降低运输成本。交通运输部统计，截至2022年底，全国农村公路总里程达到453万千米，全国具备条件的乡镇和建制村全部通硬化路、通客车。农村公路覆盖范围水平得到显著提高，农民群众"出行难"的问题得到历史性解决（交通运输部，2023）。

网络设施是农户"触网"的基础条件。Okoli等（2010）认为网络信息技术会影响企业的电子商务能力。截至2021年11月底，中国现有行政村已全面实现"村村通宽带"，超过97%的县城城区和40%的乡镇镇区实现5G网络覆盖。农村光纤平均下载速率超过100Mb/s，已实现与城市"同网同速"（王政，2022）。中国互联网络信息中心（CNNIC）发布的第52次调查报告显示，截至2023年6月，中国农村网民规模超过10.79亿人，互联网普及率达76.4%，5G网络已覆盖所有地级市城区，广大农村群众在共享互联网发展成果中将拥有更多获得感。

完善的物流设施是农村电商发展的强大支撑。建立仓储、包装、物流体系特别是冷链物流体系，有利于推动农产品在更广范围快速流动。2019年交通运输部办公厅发布了《关于推进乡镇运输服务站建设加快完善农村物流网络节点体系的意见》，提出加快建设县、乡、村三级农村物流网络节点体系，为农村物流建设提供了政策支持。国家邮政局统计，截至2021年10月，邮政物流营业场所实现乡镇全覆盖，快递乡镇网点覆盖率达98%（梁倩，2021）。在物流集聚地的建设上，有条件的县域可以建立电子商务园区，营造良好的电子商务生态圈（洪勇，2016），共同促进农村电商生态体系的发展。总的来看，目前中国物流和快递设施的快速发展，对农村电商发展的支撑性越来越强。但与电商发展的要求相比，仍有差距。例如，内蒙古巴彦淖尔是中国重要的优质农产品基地，但该地主管部门反映，农畜产品全程冷链投入大，全市的冷链物流设施不足，不少生鲜农畜产品的产地预冷不足，运到大中城市预冷成本高、浪费大，从而导致生鲜农畜产品网销困难。

（二）网络信息技术和生产技术

网络信息技术在农村地区的广泛运用（魏畅，2020），对农村电商的发展具有积极意义。电商平台和社交平台作为网络信息技术的应用，在促进农村电商发展中扮演着重要的角色。电商平台在农村电商发展中发挥着承上启下的作用，为"工业品下行、农产品上行"提供中介服务（许婵等，2015）。电子商务的深化，综合性电商平台下沉农村，各大社交平台继续发挥流量优势，借助短视频和直播平台的大众化（郭娜、程祥芬，2020），形成了"综合性电商平台+社交平台"的组合模式，拓宽了农产品的销售渠道。随着"数商兴农"的持续推进，2022年，中国农村网络零售额达2.17万亿元，占全国网络零售总额的15.74%，同比增长3.6%。其中，农产品网络销售额达5313.8亿元，同比增长9.2%（中华人民共和国商务部，2023）。

综合性电商平台本身具有的低进入壁垒特征，极大便利了农民进入网络大市场（薛洲、耿献辉，2018）。据阿里统计报告，2020

年6月底，中国"淘宝村"有5425个，已广泛分布于28个省份，比2019年增加1115个，总量约占全国行政村总数的1%。淘宝镇数量已经达到1756个，比2019年增加638个，淘宝镇覆盖27个省份，总量约占全国乡镇总数的5.8%。这些"淘宝村"和"淘宝镇"的网店实现交易额1万亿元（阿里研究院，2020），全国农村网商突破1300万家（上官云，2020）。在新冠疫情防控期间，拼多多已帮助售出4万吨滞销农产品，帮扶超2.4万户农户。淘宝系（包括淘宝、天猫和聚划算）助销农产品15.7万吨，苏宁系助农直播订单量达23万单。京东系（包括京东和京喜）则推出了超1600场助销直播，帮助3.4万个贫困户脱贫（韦夏怡，2020）。另外，相较传统电商的模式，社交电商主要依靠社交关系链实现裂变传播，平台及商家进入门槛相对较低，使传播获客的成本更低，因此依托微信、抖音和快手等社交平台进行网红直播和自媒体短视频拍摄（郭娜、程祥芬，2020），使农户能够通过社交平台销售农产品。短视频平台快手的数据显示，2019年，有超过1900万人从快手平台获得收入，其中，500多万人来自国家级贫困县，国家级贫困县在快手卖货人数约115万人，年销售总额达到193亿元（快手，2020）。2021年快手"三农"兴趣用户超过2.4亿人，新增"三农"原创短视频突破2亿条，"三农"创作者生产的短视频日均播放量超过10亿次，日均消费时长超过900小时，"短视频+直播"在"三农"领域影响力更加广泛，成为农业生产"新农具"，不仅让观看者看见了农村生活，而且让农民收入翻了倍（快手，2021）。

除了网络通信技术，生产技术的进步也促进了农产品包装与分拣的标准化运作，重塑了农产品销售形态，提升了农村电商配送的速度和效率（武晓钊，2016）。农村电商服务中心不断完善生产技术设施，如电商产业园区安装分拣—包装流水线。通过分拣线实现农产品的分类，满足不同消费者对产品大小的需求。经过包装后的农产品，便于长途运输，产品的质量与品质在一定程度上得以保障，对提高农产品的附加值具有积极影响。如2023年7月，辽宁省喀喇沁左翼蒙古族自治县（简称喀左县）举行喀左乡村振兴为农服务中心启用仪式。该服务中心充分利用现有物流仓储分拣配送中心，整合县域主要农资、物流资源，面向农业经营主体和农户提供集中采购、统一配送、直供直销、土地托管、金融保险等服务（詹小乐、王紫玉，2023）。其生产技术的使用与更新，拓宽了农产品消费市场，使"长距离、多样化"的农产品销售方式得以实现，促进农村电商发展。

（三）产业基础

良好的产业基础是农村电商发展的基石。电子商务与农业产业链的融合从初期的销售端逐渐向生产端延伸，促进了农产品的精准销售，且打通了农产品上行和工业品下行的通道（罗春莲、王永成，2023）。目前，中国农村电商发展较好的地方，多拥有特定的产业发展基础（郑新煌、孙久文，2016）。

优质的农业基础是农村电商发展的有利条件。例如，吉林省通榆县处于东经120°02′—123°30′和北纬44°12′—45°16′，形成了四季分明的温带半干旱大陆性季风气候，地势平坦开阔、年平均日照长等优势与淡黑钙土、优质弱碱土的土壤为通榆县十余个优质杂粮杂豆品种等农业资源的形成提供良好环境。甘肃成县处于东经105°23′—105°57′，北纬33°29′—34°21′，暖温带半湿润气候为众多农作物生长创造了条件。近年来，成县建成了栽植面积达51万亩（1亩约为666.67平方米），包含1100多万株核桃树的核桃种植基地。2022年，成县核桃坚果产量达3.69万吨，产值4.43亿元。[①] 其自然生态资源富足，光热水土资源丰富，为动植物生长提供了得天独厚的条件，为成县的发展奠定基础。

良好的工业基础为农村电商发展助力。例如，河北省清河县在原羊绒工业基础上继续发展。2006年，清河县羊绒占全国总产量的90%，年出口创汇达8000多万美元且建立了当地第一家从事羊绒深加工企业的东高集团，大部分村民在该公司从事生产加工，精悉从分梳到纺纱，乃至织衫等产业链上的各个环节，并积累了丰富的生产经验。拥有一定实力的技术工人自行开起了小工厂和家庭作坊，为小工厂和作坊发展电子商务提供了必备要素（薛志超，2020）。截至2023年10月，清河羊绒生产的制成品80%以上通过网络销售（汪鑫伟，2023）。

第三产业发展的优势基础对电商的发展具有积极意义。例如，物流产业优势成为陕西省武功县发展电商的关键条件。武功县地处关中平原西部，是新疆、青海和甘肃三省份东出的重要通道，具有"地处核心区、辐射大西北"的区位交通优势，地理位置优越，成

---

① 笔者根据"成县方志"微信公众号《【成县纪事】一个"千年古县"的十年电商路》一文整理。

为关中地区重要的交通枢纽和物资集散地,这也为武功模式的发展创造了条件。武功县紧跟国家政策,抢抓"互联网+农业"和"一带一路"重大机遇,创新提出"买西北·卖全国"的电商发展模式。截至2022年11月,县域内汇聚全国电商企业328家,物流快递企业40余家,村淘发展105家,培育个体网店1200余家,微商3000余人,间接带动就业创业4万多人,推动西北地区40大类2000多种特色产品通过武功电商走进了全国千家万户(羌妹苏苏,2022)。

在传统产业和资源优势的基础上,传统营销方式与互联网新经济的结合给农村电商的发展带来了新的契机(赵建伟等,2019)。良好的产业基础减少了本土网商创业的物质成本、风险成本和学习成本,提高了农户创业的积极性(曾亿武等,2016),并促进了农村电商的发展。此外,农村电商的发展有助于推动产业升级,有利于完善基础设施,提高公共服务水平及特色品牌效应的形成,这些都将进一步推动农村电商的发展(曾亿武等,2020)。

(四) 区位优势

区位优势是指区位的综合资源优势,某一地区在发展经济方面客观存在的有利条件或优越地位(程俊杰等,2010)。具有区位优势的地区,因其较为成熟的物流配送体系和广阔的消费市场,丰富了农产品网络销售渠道(罗春莲、王永成,2023),助推农村电商的发展。以浙江省桐庐县与金华市义乌市青岩刘村两地为例,浙江省桐庐县183个建制村通硬化路率、快递通达比例均达100%,乡镇快递服务网点覆盖率、城市建成区路网密度和道路面积率符合要求比例，公路总里程1826.3千米（包利姣、钱冰冰，2020），且距离杭州市区只有80千米，独特的区位优势为桐庐发展电商提供了良好的支撑。2014年10月，桐庐县成为阿里巴巴首个农村电商试点村，这为桐庐营造了发展电商的良好行业氛围，使之成为浙西地区经济实力第一强县（搜狐网，2020），并于2021年获评电子商务进农村综合示范县（第一批）。青岩刘村从交通条件来看，有四通八达的交通网，向外有东西走向的沪昆高速和甬金高速，从义乌机场到青岩刘村也只需要十几分钟的车程，距离义乌国际商贸城约8千米（《中国发展观察》杂志社调研组，2019），随着2018年"义新欧"9条运输线路的开通（无限金华客户端，2018），拓宽了海外市场，且靠近具有传统市场的义乌小商品批发市场和江东货运市场，这种特殊的区位优势为农村电商创业者提供了丰富的商业信息、海量的货源，以及方便快捷的物流配送渠道，2019年青岩刘村网络店铺的数量已超过3200多家（赵建伟等，2019），截至2021年5月，青岩刘村有各类网店4000余家，年销售额突破70亿元。[①] 因此，地理优势、交通网络为农村电商的发展提供了得天独厚的区位条件。

（五）政策支持

农村电商的发展，离不开中央与地方政府的支持与调控。国家为促进农村电商的发展，在基础设施、资金支持及人才培训等方面

[①] 笔者根据"义乌的一缕阳光"微信公众号《中国"网店第一村"青岩刘村》一文整理。

都给予了支持。从政策文件来看，2015—2019年，中央颁布了《农业综合开发扶持农业优势特色产业促进农业产业化发展的指导意见》《关于开展2018年电子商务进农村综合示范工作的通知》《关于大力发展电子商务加快培育经济新动力的意见》。2023年中央一号文件进一步提出，深入实施"数商兴农"和"互联网+"农产品出村进城工程，为农村电商发展创造了市场环境和政策环境。

基础设施建设对农村电商发展具有重要作用。2019年中共中央、国务院印发《交通强国建设纲要》，明确要形成广覆盖的农村交通基础设施网，全面推进"四好农村路"建设，大力支持村内道路建设和改造（侯雪静，2019）。在资金支持层面，政府鼓励各地优先采取贷款贴息、购买服务、以奖代补等支持方式，加快资金拨付进度，提高资金使用效益，通过中央财政资金撬动社会资本，共同推动农村电商发展（财政部公众号，2020）。电子商务进农村综合示范政策与资金支持促进了电子商务的发展，获得数字赋能的农户能够更加有效地参与市场活动（唐跃桓等，2020）。2019年中央财政下达阿坝州茂县的电子商务进农村综合示范补助资金500万元（搜狐网，2019），2021年佛冈县和连山县财政局下达电子商务进农村综合示范项目发展专项资金1000万元，带动区域电子商务的发展。人才培养是农村电商发展的智力保障，2015年国务院办公厅印发《关于促进农村电商加快发展的指导意见》文件中提到，实施农村电商百万英才计划，培养农村电商人才，为人才的引进与培育提供了政策支持。同时，全国自2021年起大力实施"一村一播"工程，强化农村电商人才队伍培养，激发群众内生动力。

在政策支持层面，地方政府依据当地的自然与社会环境，颁布了促进当地电商发展的指导性与支持性实施方案，如2014年浙江省颁布了《浙江省农村电商工作实施方案》，2015年辽宁省颁布了《辽宁省人民政府办公厅关于促进农村电商加快发展的实施意见》，2018年海南省制定了《海南省电商扶贫三年行动实施方案（2018—2020年）》等，优化了农户创业环境，激发了创业动机，扶持了创业行为（梁强等，2016）。

在基础设施方面，地方加快建设市级电商公共服务中心、镇级电商服务站、村级电商服务网点等电子商务进农村项目，其中，村级服务站点逐渐投入运行，打通了市、镇、村三级物流双向流通渠道。

在资金方面，政府积极投入资金促进了农村电商的发展。2020年，福建省级扶贫开发工作重点县进入国家级电子商务进农村综合示范试点，省以上财政投入7.03亿元（东南网，2020），2021年，沈阳市共设立1700万元专项资金扶持电商，重点建设县域电商服务中心9个，培训电商专业人才2000人，实现农村电商交易规模突破120亿元（沈阳市农业农村局，2022）。

在人才方面，政府与各企业联手培养人才，如上海市农业农村委与拼多多平台签订战略合作，旨在培养新农业电商人才（黄一灵，2020）。

另外，部分地方政府通过举办电商技能培训，搭建公共服务平台，增进农户对电商的认知（曾亿武等，2019），在人力、物力与财力等方面提供了引导和政策倾斜（徐智邦等，2017），为加快推进农业现代化进程，促进农村第一、第二、第三产业融合发展，实现农业增效、农民增收及农村电商的发展提供新动力。截至2023年，湖南省麻阳苗族自治县累计培育各类平台主播120余人，开展直播带货3200余场次。麻阳引进"惠农商学院"等专业机构开展电商培训工作，建立"普及+进阶"的电商人才培训计划，对电商企业、精英、普通学员分层分类开展培训，共开办线上线下电子商务培训班182场次、累计培训22818人次，开办电商精英增值培训8000人次、孵化创业就业人员6284名，培训电商企业30家，促进电商企业做大做强（江涛，2023）。

二　内部影响因素

（一）社会网络

社会网络在农村电商发展中发挥着重要的作用。美国社会学家Mark Granovetter认为，人际关系网络可以分为强关系网络和弱关系网络。强关系指的是个人的社会网络同质性较强，人与人的关系紧密，有很强的情感因素维系人际关系。弱关系则是个人的社会网络异质性较强，人与人之间的关系并不紧密，也没有太多的感情联系（陈世华、黄盛泉，2015）。

农村熟人社会所构建的社会网络是一种特殊的社会人际网络，人情关系在其中发挥着重要的作用，知识学习与技术主要通过亲缘、友缘、邻里等熟人社会网络体系（曾亿武等，2015；薛洲、耿献辉，2018），即强关系向外扩散。如沙集镇域电商产业帷幕拉开伊始，在熟人社会里的"乡村干部代理人"充当起乡绅的角色，投入精力、人力、物力帮助"网商"铺设修整村庄道路等基础设施（刘守英，2022）。这种"熟人社会"对于电商创业信息扩散具有天然的优势，面对面的信息交流为这些创业信息提供可验证性（梁强等，2016），使农村电商在熟人间产生模仿效应，进而促进农户对电子商务的运用。

同样，弱关系下的社会网络关系对农村电商发展具有积极的意义。当一个地区的电商生态链完全成形后，农村电商能够在当地创造出众多的工作岗位，从而带动当地经济的发展，贫困户也能够享受到电商产业带来的益处。当区域性农村电商发展到一定阶段后产生的溢出效应，对周边地区会产生影响，为周边仿效农民节省了搜索成本，降低了进入门槛，激发了周边网商创业的活力（崔凯、冯献，2018）。李琪等（2019）认为，农村电商发展对农民收入增长具有正向的空间溢出效应，即能够促进周围地区的农民增收。另外，相邻地区市场信息的共享，促使信息快速传播（徐智邦等，2017），有效降低模仿过程中的学习成本和风险程度（曾亿武等，2019），带动周边地区的电商发展。正是"强弱"双重的社会网络关系作用下，"邻里效应"和"社交示范"加速了农村电商的发展（崔丽丽等，2014）。

（二）企业家才能

企业家才能是农村电商形成的催化剂（张宸、周耿，2019），这些创业能人的企业家精神是农村电商发展的关键动能（刘亚军，

2017）。企业家凭借其先前经验（创业经验、管理经验）、受教育程度及社会影响力等优势，有利于快速识别商机，促进电商发展（张宸、周耿，2019）。

先前经验是从过去的经历中积累而成的知识、技能与经验（曾亿武等，2019）。有先前经验的创业者更加懂得如何围绕创业机会搜集所需信息并作出有效决策（Shepherd et al.，2000）。农民的先前经验越丰富，越有助于其创业活动的开展并取得成功（郭红东、周慧珺，2013）。先前的创业经验是电商发展的重要基础，如"听雨闻香盆景园"的创办者，2015年销售额达到150万元，且他的创业经历走在村子发展的前列，起到了很好的示范作用，带动了当地电商的发展（于海云等，2018）。管理经验在农村电商发展中具有重要意义，无论有无原始产业支撑，管理能力因素都支撑起了电子商务的经营（周应恒、刘常瑜，2018）。如方正县新龙米业创始人凭借其丰富的管理经验，抢抓电商机遇，在天猫、淘宝、京东、拼多多等电子商务平台开设旗舰店，走出了一条"商超贸易+电子商务+农产品"的销售模式，为促进农民增收、助力乡村振兴作出新的贡献。①

从受教育程度方面来看，受教育程度对农民参与意愿具有积极影响，受教育程度越高，农民对电商的接纳能力越强（罗昊等，2019）。2018年9月，中共中央、国务院联合印发的《乡村振兴战略规划（2018—2020年）》中指出，教育领域要以培养适应产业

---

① 笔者根据"方正乡土志"微信公众号《企业领跑者 致富带头人——记方正县宝兴乡新龙米业》一文整理。

化、生态化发展的人才为主要任务，为农村电商人才培养提供了政策支持。

　　社会影响力在促进农村电商发展中的作用不容忽视，如 2013 年甘肃省陇南市成县县委书记发挥其社会影响力，抢抓"互联网+"机遇，依托产业优势，带动了成县电商的发展。尖角村"电商书记"积极挖掘传统文化产业，并把发展电商作为农产品销售的突破口，积极培养电子商务人员，通过直播方式带动群众增收、促进产业发展、激发消费活力、推动乡村振兴。因此，企业家发挥个人才干，能够产生带动效应（刘亚军等，2016），引发当地村民的效仿（刘亚军，2017），促进农村电商发展。

第三章 农村电商发展对农户收入影响的实证分析

本章运用微观数据就电子商务对农户收入的影响进行了实证检验。并结合电子商务理论和农户经济行为理论,分析电子商务通过扩大农产品销售范围、节约农户交易费用进而对农户收入产生影响。运用中国乡村振兴综合调查(China Rural Revitalization Survey,以下简称 CRRS)2020 年的调查数据[①]的数据对电子商务与农民收入的关系进行分析。为了保证检验结果的可靠性,运用倾向得分匹配方法和更换核心变量法对回归结果进行了稳健性检验。

一 理论分析

农村电商能够降低农产品的流通成本,提高农产品的流通效率,提升农产品的流通收益。但应该看到,农产品流通增值收益存在流

[①] 该数据库由中国社会科学院农村发展研究所建设,属于中国社会科学院重大经济社会调查项目,得到了中央农村工作领导小组办公室的指导和支持。

通领域中多个主体之间的分配问题，如果利益分配不均衡，农产品流通收益的提升并不会带来农户收入的增加。因此，需要从农产品流通收益分配视角分析农户在农村电商产业链中的角色，以分析电子商务对农户收入的具体影响。

农业生产者在出售农产品的过程中，主要关心两个问题。一是把产品尽快出清，二是节约交易费用。前者有可能导致农业生产者在与收购商进行价格博弈时处于弱势地位，后者会导致农业生产者尽可能缩小交易对象的搜寻范围，最终只能接受较低的产品售价。

第一，从农产品出清的角度分析电子商务驱动下农产品流通市场减少农户损失的原理。在传统流通模式下，农产品生产出来之后通过中间商到达零售商手中，再由零售商寻找最终消费者，农户被动等待收购商上门收购。由于农产品具有易腐、易变质、不耐储存等特征，农户希望在最短的时间内尽快出清，以减少市场风险。电子商务平台给农户提供了更多的交易对象信息和销售渠道信息。通过电子商务平台，农户可以使用现代通信技术获取信息，选择更加安全和快速的销售渠道，减轻农户的销售压力。在传统流通渠道下，农产品经销商为了降低农产品销售风险，通常会采用"掐尖儿"的方式只收购品质好的农产品。而品相差的农产品中也包含了一定的物质资料和劳动力投入成本，这部分农产品无法顺利销售会使农户的农产品销售收入减少。电子商务平台扩大了农产品消费市场，使产品能够触达更多的消费者。消费群体扩大促进农产品销售量的增长，在生产量一定的情况下，农产品将从买方市场变为卖方市场，减少了滞销风险。同时，消费市场的扩大还会增加消费层次，满足消费者对不同档次农产品的需求。电子商务平台为了吸引更多的顾客，会通过不同档次的农产品组合增加店铺产品的丰富性，一些低价、特价的农产品还会成为店铺的宣传点，使品质一般的农产品也有了销售的渠道。

第二，本章将从交易费用的角度分析农村电商促进农户实现利润最大化的原理。根据农户的理性经济人假说，农户出售农产品的最终目标是实现利润最大化，而利润最大化取决于农产品的销售收入、生产成本和交易费用。在销售收入和生产成本不变的情况下，利润的大小与交易成本息息相关。换言之，农户为了实现利润最大化，就必须降低交易费用。农户的交易费用主要包括农户获得、加工和处理市场信息的成本，谈判和签订合约的成本，检测和执行合约的成本。在传统农产品流通渠道下，农户获得市场信息的途径非常有限，即使是相对于本地或邻近区域的市场，作为生产者的农户也很难获得最新的市场价格与需求信息。农户获得市场信息的主要来源是农户自己到市场上了解，也包括通过和同村的其他农户及流通商、经销商的交流获得。因此，有关农产品供给、需求及价格信息在生产者和贸易者之间分配不均衡，贸易商对市场信息的掌握要远大于农户（屈小博，2008）。农户无法获得可靠的参考价格，在与收购商、经销商讨价还价的过程中缺乏底气。面对市场上存在的各种交易对象，农户需要寻找符合其心理目标的潜在交易对象，并考察不同的交易对象提供的产品或服务的价格差异，比较后最终确定交易对象。在确定交易对象后，农户还要和交易对象就交易产品的细节，如价格、品种和质量等进行商定。由于农产品质量标准的缺失及农产品质量的隐匿性，农户在与交易对象进行产品细节确认时难以掌握客观的数据，因此增加了农户销售农产品的谈判和签订合约的成本。农户和交易对象确定好交易内容和细节后，会进行口头契约或合同契约，农户为了确保交易能够按照合约顺利进行，就要对交易过程进行监督，以保证交易对象按照合约规定来执行。如果交易对象未按照合约进行交易，农户则要承担后续协商和追究责任的成本。在现实的农产品交易中，经常会出现经销商恶意压价的情况。在电子商务情境下，电子商务平台聚集了众多卖家和买家，并且价格信息公开透明，这有助于打破价格垄断，改善农户市场信息获取与处理能力不强、可靠参考价格信息获取困难等问题的制约，降低农户获得、加工和处理市场信息的成本。电子商务平台的农产品交易主体多样、人数众多，能够提供各类价格信息。另外，电子商务市场是开放市场，交易的主体包括农产品销售公司、农产品电商公司和农产品进出口公司等，这些交易主体提供了丰富多样的农产品价格信息。而且，电子商务平台的交易信息如价格、销售量等都是公开的，任何人都可查看、参考交易信息，这有效避免了由于价格不透明导致的隐瞒、欺诈等恶意交易行为。电子商务平台的交易信息广泛传播，任何人只需要一部手机就能随时随地获取交易价格信息，搜索成本极低，能够显著降低农户获取可靠参考价格的搜索成本。而成本越低，信息收集渠道越丰富，农户的议价能力越强，提高农产品销售价格的可能性越高。基于以上分析，可以假设性地认为，电子商务能够促进农户收入的提升。

二 数据来源、变量选取与模型设定

(一) 数据来源及样本特征

本章使用的数据来自中国乡村振兴综合调查数据库（China Rural Revitalization Suwey，CRRS），2020年的数据。CRRS数据库是由中国社会科学院农村发展研究所于2020年发起的一项涵盖农业生产、乡村发展、农民生活、社会福祉等多方面内容的综合性调查数据库。该项调查是于2020年8—9月开展，针对全国10个省份、50个县、150个乡镇和300个村的3800多户农户家庭进行调查。

CRRS数据库采用分层抽样和随机抽样的方法，具有充分的代表性。样本省份、样本县、样本乡镇、样本村、样本农户都是按照等距抽样的原则进行抽样。样本省份的选择综合考虑经济发展水平、区域位置及农业生产情况，从东部、中部、西部和东北地区随机抽取，共10个，包括广东、浙江、山东、安徽、河南、黑龙江、贵州、四川、陕西、宁夏。样本县的抽取是将样本省份内所有县按照人均GDP进行排序后，分为高水平、中高水平、中水平、中低水平和低水平5组，每组随机抽取一个，共50个。再按照同样的方法抽取样本镇，共150个乡镇。样本村的选择是将全乡镇所有村按照经济发展程度分成经济发展较好和经济发展较差两组，并从两组中分别随机抽取一个，每个镇抽取两个样本村，共300个村。样本户的选取根据等距抽样原则将全村所有住户编码后平均分成12—14组，从第一组抽取后，按照组距依次累加，共3821户。在本部分的分析中，舍弃电子商务相关指标缺失及收入数据异常的117个农户样本，最后得到了3704个农户样本。

样本特征如表3-1所示。农户所在地区位于东部的占29.83%、中部的占19.33%、西部的占40.96%、东北的占9.88%；居住地区位于平原的占43.79%、丘陵的占21.56%、山区的占33.02%、半山区的占1.63%；区位条件位于城市郊区的占20.65%；距离乡镇政府的距离小于或等于5公里的占63.93%、大于5公里的占37.37%；户主性别以男性为主，占比为93.36%；户主年龄在35岁及以下的占4.36%、36—50岁的占30.99%、51—60岁的占32.12%、61岁及以上的占32.53%；户主文化程度以初中为主，小学及以下文化程度的占39.28%，初中文化程度的占45.54%，高中及同等文化程度（中专、职高技校）的占12.95%，大学专科及以上的占2.23%。此外，经营耕地面积在20亩以上的占比最多，为20.65%，5—10亩的占19.90%。

表3-1　　　　　　　　　　样本特征

样本特征	分类	数量（户）	比例（%）
所在地区	东部（山东、广东、浙江）	1105	29.83
	中部（安徽、河南）	716	19.33
	西部（四川、贵州、陕西、宁夏）	1517	40.96
	东北（黑龙江）	366	9.88
居住地区	平原	1622	43.79
	丘陵	799	21.56
	山区	1223	33.02
	半山区	60	1.63

续表

样本特征	分类	数量（户）	比例（%）
区位条件	城市郊区	765	20.65
	非城市郊区	2939	79.35
距离乡镇政府距离	小于或等于5公里	2369	63.96
	大于5公里	1335	36.04
户主性别	男	3458	93.36
	女	246	6.64
户主年龄	35岁及以下	161	4.36
	36—50岁	1148	30.99
	51—60岁	1190	32.12
	61—70岁	882	23.82
	71及以上	323	8.71
户主文化程度	未上学	316	8.54
	小学	1139	30.74
	初中	1687	45.54
	高中	418	11.29
	中专	50	1.35
	职高技校	12	0.31
	大学专科	62	1.67
	大学本科	16	0.44
	研究生及以上	4	0.12

注：由于四舍五入的原因合计有可能不完全等于100%，下同。

1. 电子商务介入农产品流通情况

从问卷数据来看，电商平台、朋友圈、微信是农户通过农村电商销售农产品的主要渠道。整体来看，农户参与农村电商的比例较低，仅占全部被调查农户的6.26%。被调查农户中，农产品通过以上电子商务渠道流通的户数为232户，占全部农户家庭数量的6.26%；剩余93.74%的农户的农产品未通过电子商务渠道销售。

问卷进一步调查了农户通过电子商务渠道销售农产品的意愿,有24.91%的农户表示愿意将自家农产品通过电子商务渠道销售,3.86%的农户不愿意将自家农产品通过电子商务渠道销售,剩余71.23%的农户因为没有合适的产品卖或其他原因无法确定是否愿意将自家的农产品通过电子商务渠道销售。也就是说,在条件具备的情况下,农户愿意将自己的农产品通过电子商务渠道销售,但由于各种原因阻碍了农户通过电子商务渠道销售农产品。如表3-2所示。

表3-2　　　　农户的农产品通过电子商务渠道销售情况

样本特征	分类	数量(户)	占样本总数的比例(%)
农户的农产品是否通过电子商务渠道销售	是	232	6.26
	否	3472	93.74
农户是否愿意通过电子商务渠道销售农产品	是	923	24.91
	否	143	3.86
	无法确定	2638	71.23

2. 农户收入情况

从表3-3可以看出,被调查农户家庭农业纯收入在1000元及以下和5000元以上的分布都较多,呈现两头多中间少的分布格局,即非农业经营和农业规模经营的占比都很高,农户分化情况突出。其中,家庭农业纯收入在1000元及以下的共1428户,占全部被调查农户总数的38.54%,占比最多。农业纯收入在5000以上区间的分布较均匀,收入区间在5001—10000元、10001—20000元、20001—50000元、50000元以上的占比在10%左右。总体上,农户农业纯收入可以分为三个区间,分别是1000元及以下、1001—5000元、5000元以上。

表 3-3　　　　　　　　　　农户收入情况

样本特征	分类	数量（户）	占样本总数的比例（%）
农业纯收入	1000元及以下	1428	38.54
	1001—3000元	339	9.16
	3001—5000元	264	7.12
	5001—10000元	378	10.21
	10001—20000元	414	11.18
	20001—50000元	451	12.17
	50000元以上	430	11.62

3. 村庄特征

如表3-4所示,调查村庄共251个,其中东部地区78个、中部地区48个、西部地区107个、东北地区18个,分别占比29.84%、19.34%、40.98%和9.84%。从村庄地势上看,位于平原的村庄110个,位于丘陵的村庄55个,位于山区的村庄82个,位于半山区的村庄4个。20.65%的村庄位于城市郊区,79.35%的村庄位于非城市郊区。城市化的发展能够使城市地区的生产要素逐步扩散到城市郊区、农村地区,引起城郊农户生产方式及收入结构的变动。村内合作社包括农产品销售合作社、农业生产服务合作社、农产品加工合作社、劳务服务合作社及其他合作社等类型。被调查的样本村中,205个村庄设立了合作社,占比为81.67%,46个村没有成立合作社,占比15.23%。有4个以内合作社的村庄数量最多,为52个,占比60.59%。47个村有5—10个合作社,占比

18.54%。13个村有10个以上的合作社，占比5.29%。合作社是市场经济条件下各国农业领域的重要组织形式，合作社能实现单个农户无法实现的集体功能，如提高农户在市场中的谈判力量、降低市场风险和生产成本等，因此合作社数量的增加有利于提高农户的收入水平。

表3-4　　　　　　　　　　村庄特征

样本特征	分类	数量（个）	比例（%）
所在地区	东部（山东、广东、浙江）	78	29.84
	中部（安徽、河南）	48	19.34
	西部（四川、贵州、陕西、宁夏）	107	40.98
	东北（黑龙江）	18	9.84
村庄地势	平原	110	43.79
	丘陵	55	21.56
	山区	82	33.00
	半山区	4	1.64
是否城市郊区	城市郊区	51	20.65
	非城市郊区	200	79.35
合作社数量	0	46	17.82
	1—4个	152	58.92
	5—10个	47	18.22
	10个以上	13	5.04

4. 农户家庭特征

表3-5显示了农户家庭特征。被调查的农户的户均经营耕地面积在5.1—10亩。其中经营耕地面积在5亩以上的有2179户，合计占比58.84%。农业劳动时间在200天以下的共1664户，占全部农户的比重为44.92%，农业劳动时间在200天以上的共2040户，占

全部农户的比重为55.08%。劳动力数量统计的是家庭中16—60岁的劳动力数量，其中劳动力数量为1人的占23.89%，劳动力数量为2人的占41.80%，劳动力数量为3人的占26.22%，劳动力数量为4人及以上的占8.09%。土地流转和合作社都是适度规模经营的方式，在被调查农户中，从别的农户手中流转土地的农户2035户，占全部农户的比重为54.94%；未转入土地农户1669户，占全部农户的比重为45.05%。加入合作社的有862户，占全部农户的比重为23.27%，未加入合作社为2842户，占全部农户的比重为76.73%。由表3-5可知，被调查农户加入合作社的比例远低于土地流转的比例，这可能是由农户对合作社缺乏了解、合作社发展水平较低、与农户的利益联结机制不健全等原因造成的（芦千文，2017）。"订单农业"是农户与公司通过签订销售合同或者生产合同等契约而实现协作的一种形式。被调查农户中，采用订单或者合同销售的农户为164户，占全部农户的比重为4.44%；未采用订单或者合同销售的农户为3540户，占全部农户的比重为95.56%。订单农业在国外已经发展得非常成熟，在农产品交易市场中占据主要地位。但是从被调查农户的数据来看，订单农业在中国的发展仍然滞后，这与订单农业的履约环境不稳定、农户和农业企业之间的相互信任度不高、农户对订单农业的预期收益不高等相关（张益丰等，2022）。家庭成员担任村干部的户数836户，占比为22.57%。获得银行贷款的农户1091户，占比为29.45%。

表 3-5　　　　　　　　　　农户家庭特征

样本特征	分类	数量（户）	占样本总数的比例（%）
经营耕地面积	0	954	25.75
	0.1—5.0 亩	571	15.41
	5.1—10.0 亩	737	19.91
	10.1—20.0 亩	501	13.53
	20.0 亩以上	941	25.40
农业劳动时间	0	516	13.93
	0.1—100 天	624	16.85
	101—200 天	524	14.14
	201—500 天	1222	32.99
	500 天以上	818	22.09
劳动力数量（16—60 岁）	1 人	885	23.89
	2 人	1548	41.80
	3 人	971	26.22
	4 人及以上	300	8.09
是否转入土地	是	2035	54.94
	否	1669	45.06
是否加入合作社	是	862	23.27
	否	2842	76.73
是否采用订单或者合同销售方式	是	164	4.44
	否	3540	95.56
家庭成员是否有村干部	是	836	22.57
	否	2868	77.43
是否获得银行贷款	是	1091	29.45
	否	2613	70.55

5. 户主特征

表 3-6 显示了户主特征。被调查农户户主性别以男性为主，占比为 93.36%，女性占比仅为 6.64%。户主平均年龄为 55 岁，61 岁及以上的占 32.54%，51—60 岁的占 32.12%，36—50 岁的占 30.99%，35 岁及以下的占 4.35%。户主文化程度以初中及以下为

主,合计占比84.83%;高中(中专、职高技校)文化程度的合计占比12.95%;受过大学专科及以上高等教育的比例为2.22%。通过以上分析可知,被调查农户家庭户主的整体受教育水平较低,年龄偏大且文化程度较低,不利于家庭收入水平的提高和家庭收入结构的改善。

表3-6　　　　　　　　　　户主特征

样本特征	分类	数量(户)	占样本总数的比例(%)
户主性别	男性	3458	93.36
	女性	246	6.64
户主年龄	35岁及以下	161	4.35
	36—50岁	1148	30.99
	51—60岁	1190	32.12
	61—70岁	883	23.83
	71岁及以上	322	8.71
户主文化程度	未上学	316	8.54
	小学	1139	30.75
	初中	1688	45.54
	高中	418	11.29
	中专	50	1.35
	职高技校	11	0.31
	大学专科	62	1.67
	大学本科	16	0.44
	研究生及以上	4	0.11

(二) 变量选取与描述性统计

1. 变量选取

(1) 自变量。本部分选取电子商务最直观的表现形式,即农产品是否通过电子商务渠道销售来衡量电子商务水平,具体表现为农户家中是否有农产品通过电子商务渠道销售（$dsxs$）。如果农户家庭有农产品通过电子商务渠道销售，则 $dsxs$ 的值为 1；如果没有，则 $dsxs$ 的值为 0。

（2）因变量。农民收入有多种来源，包括工资性收入、经营性收入、财产性收入和转移性收入，不同收入类型具有不同的生成路径（芦千文等，2020）。农产品流通主要影响农户的农业收入，因此本章对农户收入的衡量主要体现在农业收入上。以户为单位研究农民行为非常符合中国的国情及特点，因此本章选取农户家庭的农业收入作为农民收入的代表变量。该数据源于问卷中的"农业经营纯收入"数据，由种植业经营纯收入、养殖业经营纯收入、林果业纯收入及渔业经营纯收入四项加总所得，由被调查农户口述，调查员计算所得。为减少共线性，本章对农户农业收入数据取对数（$\ln nysr$）。

（3）控制变量。考虑到其他因素可能会对农户家庭收入带来影响，本章通过控制村庄特征、农户家庭特征及户主特征变量来增加结果的准确性。借鉴已有的研究成果（贾立，2015；王建，2019），村庄特征包括村庄所在地区（szd）、村庄地势（$czds$）、是否位于城市郊区（$qwtj$）、村内合作社的数量（$hzssl$）。家庭特征方面，选取家庭经营耕地面积（$gdmj$）、是否有土地转入（$tdlz$）、劳动力数量（$ldlsl$）、全年农业劳动时间（$nyld$）、是否加入合作社（$rhzs$）、是否采取订单或者合同销售方式（$ddxs$）、家庭成员是否担任村干部（$rcgb$）、是否获得银行贷款（$yhdk$）变量。户主特征方面，选取户主性别（$hzxb$）、户主年龄（$hznl$）、户主受教育水平（$sjysp$）。

2. 描述性统计

所有变量定义及描述性统计如表3-7所示。从表3-7可以看出，农户的农业收入对数的平均数为9.2781，通过电子商务渠道出售农产品的农户比例为6.28%，经营耕地面积平均20.656亩，46.83%的农户有土地转入行为，劳动力数量平均为不到2人，全年农业劳动时间平均为260.37天，多数农户没有家庭成员担任村干部，也没有获得银行贷款，户主性别基本为男性，平均年龄55岁，受教育程度平均为小学。

表3-7　　　　　　　变量定义及描述性统计

变量类型	变量名称	变量标识	变量定义	平均数	标准差	最小值	最大值
因变量	农户家庭农业收入	ln$nysr$	ln（农户家庭农业收入）	9.2781	1.5714	3.6888	14.91
自变量	农产品是否通过电子商务渠道销售	$dsxs$	是=1 否=0	0.0628	0.08554	0	1
控制变量	村庄所在地区	szd	东部=1 中部=2 西部=3 东北=4	2.3075	1.0011	1	4
	村庄地势	$czds$	平原=1 丘陵=2 山区=3 半山区=4	0.1343	0.4510	0	4
	是否位于城市郊区	$qwtj$	1=是 0=否	0.2392	0.5025	0	1
	村内合作社数量	hzs	个	3.36116	4.1013	0	34
	经营耕地面积	$gdmj$	亩	20.656	0.0002	0	2200
	是否转入土地	$tdlz$	是=1 否=0	0.4683	0.4799	0	1
	劳动力数量	$ldlsl$	人	1.8977	2.3745	0	6

续表

变量类型	变量名称	变量标识	变量定义	平均数	标准差	最小值	最大值
控制变量	全年农业劳动时间	nyld	天	260.37	0.00003	0	20363
	是否加入合作社	rhzs	是=1 否=0	0.2409	0.4283	0	1
	是否采用订单或者合同销售方式	ddxs	是=1 否=0	0.3437	0.34449	0	1
	家庭成员是否担任村干部	rcgb	是=1 否=0	0.2486	0.4394	0	1
	是否获得银行贷款	yhdk	是=1 否=0	0.2188	0.42781	0	1
	户主性别	hzxb	男=1 女=2	0.9336	0.09182	1	2
	户主年龄	hznl	岁	55.009	0.0021	21	91
	户主受教育水平	hzwh	1=未上学 2=小学 3=初中 4=高中 5=中专 6=职高技校 7=大学专科 8=大学本科 9=研究生 10=其他	2.7674	1.1045	1	9

（三）模型设定

本章采用OLS方法检验电子商务对农户农业收入的影响。构建以下模型：

$$\ln nysr_{ic} = \beta_0 + \beta_1 dsxs_i + \beta_2 X_{ic} + \varepsilon_{ic} \qquad (3-1)$$

式（3-1）中，$\ln nysr_{ic}$ 为农户农业收入对数；i 为村庄个体标识（$i=1,2,3,\cdots,251$）；c 为农户个体标识；$dsxs_i$ 为农户是否通过电子商务渠道销售农产品；$dsxs_i$ 为虚拟变量，当农户的农产品通过电子商务渠道销售时，$dsxs_i=1$，当农户的农产品没有通过电子商务渠道销售时，$dsxs_i=0$；X_i 为控制变量，包括村庄特征、农户家庭特征和户主特征；ε_{ic} 为扰动项，服从正态分布，即 $\varepsilon_{ic} \sim (0, \varepsilon^2)$；$\gamma_i$ 为第 i 个控制变量的系数；α 为截距项；μ_i 为残差；β 为要考察的影响系数。

三 实证分析结果

（一）系数相关性检验

由于本章使用的数据是截面数据，因此在运用 OLS 模型进行回归前，要对解释变量之间的多重共线性进行检验。本章运用相关系数法对模型可能存在的共线性进行检验。检验结果如表 3-8 所示。由表 3-8 可知，所有变量之间的相关性系数均不超过 0.5，远低于 0.8 的临界值，因此该模型不存在多重共线性问题。

（二）回归结果分析

OLS 回归结果见表 3-9，其中模型（1）为电子商务渠道销售（dsxs）对农户农业收入对数（lnnysr）进行的回归，模型（2）、模型（3）、模型（4）是在基本回归的基础上依次加入村庄变量、家庭变量、户主变量回归得到的结果。

表3-8 解释变量相关系数

变量类型	dsxs	lnnysr	szd	czds	qutj	hzs	gdmj	tdzc	nyld	ldlsl	rhzs	ddxs	rcgb	yhdk	hzxb	hznl	hzwh
dsxs	1.00																
lnnysr	0.11	1.00															
szd	0.11	0.16	1.00														
czds	0.16	0.10	0.28	1.00													
qutj	0.10	0.26	0.06	0.03	1.00												
hzs	0.04	0.23	0.02	0.04	0.01	1.00											
gdmj	0.12	0.13	0.14	0.02	0.08	0.06	1.00										
tdzc	0.14	0.22	0.04	0.10	0.44	0.09	1.00	1.00									
nyld	0.18	0.19	0.17	0.09	0.04	0.10	0.23	0.21	1.00								
ldlsl	0.07	0.16	0.14	0.10	0.17	0.09	0.16	0.03	0.30	1.00							
rhzs	0.24	0.13	0.00	0.04	0.00	0.04	0.10	0.44	0.04	0.26	1.00						
ddxs	0.08	0.03	0.07	0.10	0.12	0.17	0.09	0.04	0.17	0.22	0.19	1.00					
rcgb	0.06	0.23	0.00	0.04	0.25	0.14	0.10	0.17	0.04	0.10	0.08	0.33	1.00				
yhdk	0.15	0.16	0.06	0.17	0.22	0.10	0.44	0.04	0.17	0.09	0.44	0.22	0.09	1.00			
hzxb	0.22	0.08	0.03	0.00	0.04	0.09	0.04	0.17	0.14	0.10	0.05	0.37	0.12	0.00	1.00		
hznl	0.25	0.12	0.02	0.04	0.02	0.10	0.17	0.14	0.03	0.13	0.21	0.44	0.11	0.01	0.22	1.00	
hzwh	0.10	0.11	0.04	0.08	0.22	0.03	0.00	0.04	0.00	0.04	0.00	0.00	0.04	0.25	0.12	0.04	1.00

表 3-9　　　　　　　　　　OLS 回归结果

变量类型	模型（1）	加入村庄变量后的回归结果（2）	加入家庭变量后的回归结果（3）	加入户主变量后的回归结果（4）
	ln$nysr$	ln$nysr$	ln$nysr$	ln$nysr$
$dsxs$	0.1323* (1.29)	0.1321*** (3.34)	0.1174* (1.64)	0.1120** (2.43)
szd		0.0963 (-1.99)	0.0900 (1.22)	0.0882 (3.14)
$czds$		0.0152 (0.45)	0.0099 (1.25)	0.0092 (3.35)
$qwtj$		0.1374*** (3.08)	0.1298** (4.22)	0.1134** (2.69)
$xzjl$		0.0636* (2.15)	0.0599* (3.22)	0.0587 (3.04)
hzs		0.0019* (0.23)	0.0016* (0.34)	0.0012* (0.39)
$gdmj$			0.0012* (0.77)	0.1409 (0.56)
$tdlz$			0.0552** (1.22)	0.0407** (0.25)
$nyld$			0.0015** (0.25)	0.0056 (0.33)
$ldlsl$			0.0348 (2.95)	0.0279* (4.66)
$rhzs$			0.2436** (3.44)	0.0993** (9.23)
$ddxs$			0.2135* (4.66)	0.0995* (0.22)
$rcgb$			0.0314* (2.83)	0.0235 (5.99)
$yhdk$			0.0013 (0.45)	0.0501** (2.33)
$hzxb$				0.0165 (-0.77)
$hznl$				0.0114*** (0.99)

续表

变量类型	模型（1）	加入村庄变量后的回归结果（2）	加入家庭变量后的回归结果（3）	加入户主变量后的回归结果（4）
	ln$nysr$	ln$nysr$	ln$nysr$	ln$nysr$
$hzwh$				0.1681*** (0.56)
常数项	9.4322*** (336.61)	9.0723*** (84.79)	9.1969 (113.11)	9.1022*** (92.24)
F值	11.37	3.18	115.39	78.37
R^2	0.078	0.112	0.138	0.174

注：括号内是标准误，*、**、***分别表示均值差异的t检验在1％、5％、10％的水平上显著。

由OLS回归结果可知，电子商务介入农产品流通环节能够显著提高农户收入。无论是基础回归，还是逐渐加入控制变量的回归结果，均显示电子商务对农户收入具有显著的正向促进效应。在控制了村庄特征、家庭特征和户主特征后，电子商务仍然能够使农户收入提升11.2％。因此，电子商务确实能够增加农产品流通收益。

在控制变量中，村庄特征方面如村庄区位条件、村委会距离乡镇的距离、合作社的数量对农户收入有正向影响，村庄所在地区、村庄地势对农户收入没有影响。这说明，农户收入受村庄的经济活跃度及村庄农业生产服务组织的影响。村庄区位条件和村委会距离乡镇政府的距离对农业收入有正向影响，这说明农村的区位条件越优沃，越能够与城市人口、技术、资源、资本等要素融合，分享经济发达地区的发展红利。农业合作社为农户提供农业生产、农产品销售、农资代购、金融等各类服务，减少了分散、小规模的农户独自面对市场产生的较高的交易成本，实现了农户农业收入的提高。随着中国农业现代化的深入推进，对合作社服务的需求将越来越大、要求越来越高，合作社将面临更大的发展空间。

从农户家庭特征方面来看，农户的经营耕地面积、土地流转行为、农业劳动时间、加入合作社、采用订单销售方式对农户收入有显著正向影响。家庭劳动力数量、家庭成员任村干部，以及获得银行贷款对农户收入没有影响。耕地是农业生产的重要物质资料投入，农户拥有的耕地面积越多，从中获得的收入总量也越高。农户经营耕地面积每增加一个单位将会使农户收入提高14.09%。农业劳动时间的增加也将会带来农业收入的提高，每增加一个单位的农业劳动时间，将会使农户家庭农业纯收入提高0.56%。土地转入也能够增加农户的耕地面积，提高农户收入。相较于耕地面积，农业劳动时间投入对农业收入的提高作用较小，这可能是因为农业机械化代替了人工劳动，减少了农业劳动力投入。土地流转对农户农业收入有正向影响，农户转入土地的概率每提高1%，农业纯收入将提高4.07%。这与农户经营土地面积的结果互相验证，即农户掌握的土地资源越多，获得的农业收入越高。加入合作社能提高农户的农业收入，农户加入合作社的比例每提高1%，农户农业收入将会提高9.93%。合作社以组织集体的力量增强农户在产品市场和要素市场讨价还价的能力。订单或合同收购方式也能够提高农户的农业收入，农户采用订单或合同收购的概率每提高1%，农业收入将提高9.95%。订单收购不仅会避免农户盲目生产，还会起到价格托底的作用，能够有效避免农户的生产风险和市场风险，提高农户的农业收入。农户家庭成员担任村干部对农户收入没有影响,担任村干部使农户在村庄资源分配中获得了话语权,有机会从事收益较高的非农行业,因此,对农业收入没有影响。农户获得银行贷款对农业纯收入有正向影响,农户获得银行贷款的概率每提高1%,农业收入提高5.01%。

从户主特征来看,户主年龄、户主受教育水平对农业收入有正向影响,户主性别对农户农业收入无影响。户主年龄每增加一岁,将会使农户收入提升1.14%。户主的工作收入是家庭主要经济来源,随着户主年龄的增大,与劳动力市场内工作要求掌握的技能会比预期的多并且愈加熟练,获得的收入也会越发多,因此,户主年龄的增长能够促进收入的提高。但是根据推断,农户年龄和农业收入之间存在一个临界点,超过此临界点后,户主年龄对农业收入的提高作用将会降低。户主受教育水平每提高一个单位,将会使农业收入提升16.81%。户主受教育水平一定程度上反映了户主的劳动力质量,较高的受教育水平将会使农户改善农业生产技术,提高农业生产效率进而增加农户收入。户主是否为男性对农户收入没有影响。由于女性具有耐心、细致的特点,女性作为户主时可能更有利于收入的提高。

(三) 稳健性检验

1. 采用倾向得分匹配方法进行估计

为了尽可能避免由样本选择偏差带来的对模型估计不利的影响,本章采用倾向得分匹配(Propensity Score Matching)构建"反事实"

框架。以农业收入为结果变量,以"农产品是否经过电子商务渠道销售"为处理变量,借鉴以往的研究成果(蔡波等,2021;罗磊等,2022;闫贝贝等,2022),选取农户家庭变量如农户经营耕地面积、农业劳动时间、劳动力数量、是否转出土地、家庭成员是否任村干部、是否获得银行贷款和户主个人变量如户主年龄、户主性别、户主受教育水平作为协变量,运用 Logistic 模型来估计倾向得分值,寻找与处理组相似的匹配样本。表 3-10 显示,劳动力数量、家庭成员是否任村干部、是否获得银行贷款、户主年龄和户主受教育水平是影响农户是否通过电子商务渠道销售农产品的因素。因此,选取以上变量计算农户经营电子商务的条件概率 P 的拟合值,计算农户通过电子商务渠道销售农产品的倾向得分。

表 3-10　基于 Logistic 模型的电商经营农户采纳决策方程估计结果

变量名称	回归系数	标准差	P 值
经营耕地面积 ($gdmj$)	-0.209655 (1.47)	0.1038811 (1.52)	0.284
农业劳动时间 ($nyld$)	-0.215634* (1.78)	0.2063194 (1.56)	0.528
劳动力数量 ($ldlsl$)	0.08938** (2.34)	0.794729	0.0110
是否转出土地 ($tdzc$)	0.283476 (7.57)	0.321289 (4.94)	0.000
家庭成员是否任村干部 ($rcgb$)	0.492466*** (3.45)	0.2452464*** (3.44)	0.009
是否获得银行贷款 ($yhdk$)	0.704393*** (4.74)	0.3473256*** (4.70)	0.000
户主年龄 ($hznl$)	0.01147*** (1.07)	0.009663* (1.18)	0.000

续表

变量名称	回归系数	标准差	P 值
户主性别（hzxb）	0.209355 (1.47)	0.1038811 (1.52)	0.417
户主受教育水平（sjysp）	0.16814*** (2.98)	0.081466*** (2.84)	0.000
常数项	-4.143962*** (-10.92)	-2.236687*** (-12.42)	0.000
F 值		26.96	
R^2		0.1091	

注：*、**和***分别表示在10%、5%、1%的水平上显著。

共同支撑域检验结果表明，经 PSM 处理后，处理组与控制组的多数倾向得分值落入共同取值范围，匹配质量较高。同时平衡性检验结果显示，与匹配前相比，大部分变量的标准化偏差均大幅缩小，且不能拒绝处理组与控制组无系统差异的原假设。表 3-11 汇报了电子商务对农民收入的影响，即处理组平均处理效应（ATT）。

表 3-11　　　　　电子商务对农户收入的 PSM 分析

匹配方法	处理组	控制组	ATT 值	Z 值
最近邻匹配（K=5）	0.5417	0.4115	0.1302	2.16***
核匹配（窗宽=0.06）	0.4307	0.1011	0.3306	2.09***
核匹配（窗宽=0.10）	0.5017	0.4075	0.0942	2.33***
半径匹配（0.1）	0.4821	0.3858	0.1302	2.00***
均值	0.4890	0.3264	0.1713	—

注：*、**、***分别表示在10%、5%、1%的水平上显著。

由表 3-11 可知，用最近邻匹配（$K=5$）、核匹配（窗宽 = 0.06）、核匹配（窗宽 = 0.10）、半径匹配（0.1）四种方法得到的实证结论均能证明电子商务渠道对农户家庭收入影响效应在 1% 的水平上显著。四种不同匹配方法得到的 ATT 略有差异，但是从影响方向来看，四种匹配方法得到的实证结论是一致的。同时，表 3-11 最后一行给出了四种匹配方法得出的结果均值。农户家庭收入的 ATT 均值为 0.1713，说明在保持其他因素不变的情况下，电子商务能够使农户收入增加 17.13%。

2. 更换核心解释变量

本章还采取更换核心解释变量的方式对模型的稳健性进行检验。选取"村内是否设置电商服务站（$dszd$）"替换"农产品是否通过电子商务渠道销售（$dsxs$）"代入模型进行检验。"村内是否设置电商服务站（$dszd$）"作为农户产品是否经过电子商务渠道销售的替代变量，一是因为电子商务驱动的农产品流通基本由大型电子商务平台和农业供应链公司主导，他们与农业生产者的联系都是以村为单位，通过服务站或选取村级联系人。因此，村级电商服务站是电子商务在农村地区最重要的节点，承担着农产品流通"最初一公里"的任务。二是由政府主导的农村电商建设项目，也将"县—乡—村"三级服务体系作为重要的建设内容，村级电商服务站是村级电商服务体系的标志，承担着取送货、代收代缴、代买代卖、小额信贷、便民服务、生活服务等功能，有效地支撑了农村地区电子商务活动和商品流通。此外，电子商务服务站与农户收入之间不存在内生性，因此是一个好的工具变量。

更换核心解释变量后的结果如表 3-12 所示。由表 3-12 可以看出，村内设置服务站的概率每提升 1%，将会带动农户收入提升 10.20%，进一步验证了电子商务对农民收入的提升作用。这表明由政府部门、电商企业主导的电子商务能够带动农户收入的提高。因此，应该大力鼓励各种形式的电子商务发展，使更多的农户加入农产品流通产业链条，提高农户收入。

表 3-12　更换核心解释变量的 OLS 回归结果

变量类型	（5）OLS 回归结果（模型 1） ln$nysr$	（6）OLS 回归结果 （加入村庄变量、家庭变量、户主变量后的回归结果） ln$nysr$
$dszd$	0.09292233 * （1.29）	0.1020195 ** （2.43）
szd		0.1087956 （3.14）
$czds$		0.016244 （0.45）
$qwtj$		0.1445743 *** （3.08）
$xzjl$		0.076773 （2.15）
hzs		0.0015221 （0.45）
$gdmj$		0.0012452 （0.45）
$tdlz$		0.055221 ** （0.45）
$nyld$		0.0015221 （0.45）
$ldlsl$		0.0348690 * （2.95）

续表

变量类型	（5）OLS 回归结果（模型1） ln*nysr*	（6）OLS 回归结果（加入村庄变量、家庭变量、户主变量后的回归结果） ln*nysr*
rhzs		0.031124* (2.83)
ddxs		0.0013465 (0.45)
rcgb		0.1409123*** (-0.77)
yhdk		0.00554* (-0.77)
hzxb		0.04599*** (-0.56)
hznl		0.0932125*** (8.33)
hzwh		0.093257*** (8.60)
常数项	9.432272*** (336.61)	9.10222*** (92.24)
F 值	11.37	78.37
R^2	0.078	0.174

注：*、**、***分别表示在10%、5%、1%的水平上显著。

四 分析与结论

本章利用中国乡村振兴综合调查数据库2020年的数据，通过OLS回归模型检验了电子商务对农户农业收入的影响及其作用机制，研究结论如下。

（一）农户选择何种农产品销售方式取决于是否可以实现收益最大化

要实现收益最大化，农户一方面要尽快出清农产品，避免滞销风险；另一方面要降低交易成本。在电子商务的情境下，农产品消费半径得到扩展，农产品消费市场得以进一步扩大，农产品通过互联网触达更多的消费者，从而避免了滞销风险。同时，农村电商丰富了消费群体的消费层次，改变了传统渠道下"掐尖儿"的农产品收购方式，使各种档次的农产品均能够顺利出售。电子商务还能够节省农户的交易成本，使农业生产者以低廉的成本了解市场需求信息、确定交易对象、监督合约履行。因此，电子商务有助于提升农户收入。

（二）电子商务在农产品销售环节的渗透率仍然较低

从问卷数据来看，农户的农产品通过电子商务销售的比例仅为6.08%。虽然，农户有强烈的通过电子商务渠道销售农产品的意愿，但是真正通过电子商务销售农产品的农户数量仍然不多。具体而言，农户问卷数据显示，愿意通过电子商务渠道销售农产品的农户是真正通过电子商务渠道销售农产品的农户数量的3倍多。也就是说，有很大一部分农户愿意通过电子商务渠道销售农产品，但是由于各种原因没有实现。对影响农户通过电子商务渠道销售农产品的原因进行分析发现，劳动力数量、家庭成员是否任村干部、是否获得银行贷款、户主年龄和户主受教育水平是影响农户是否通过电子商务渠道销售农产品的因素。

（三）电子商务对农户收入有显著正向影响

选取农户是否有农产品通过电子商务渠道销售作为自变量、农户家庭农业收入作为因变量，并选取村庄变量包括村庄所在地区、村庄地势、是否为城市郊区、村内农产品销售合作社的数量，农户家庭特征包括家庭经营耕地面积、是否有土地转出、农业劳动时间、劳动力数量、是否加入合作社、是否采取订单或合同销售方式、家庭成员是否任村干部、家庭是否获得银行贷款变量及户主特征包括户主性别、户主年龄、户主受教育水平作为控制变量，检验电子商务对农户收入的促进作用。通过系数相关性检验，各变量之间不存在多重共线性问题。OLS回归估计结果显示，电子商务能够使农户收入提升13.23%。加入村庄变量、农户家庭变量和户主变量后，电子商务仍然能够使农户收入提升11.2%。在控制变量中，村庄区位条件、村委会距离乡镇的距离、合作社的数量、农户经营的耕地面积、土地流转行为、农业劳动时间、加入合作社、采用订单或合同销售方式、户主年龄、户主受教育水平均对农户收入有正向影响，村庄所在地区、村庄地势，劳动力数量、家庭成员任村干部、获得银行贷款及户主性别对农户收入没有显著影响。通过倾向得分匹配方法和更换核心变量对检验结果的稳健性进行检验后，结论依然成立。因此可以得出结论，电子商务确实能够提高农户收入。

第四章 农产品低价上行问题研究

农产品电商的快速发展，丰富了农产品销售渠道，在促进农产品销售中发挥了重要作用。但农产品上行中的低价现象比较普遍，很多农产品的卖价低于同品种、同等级产品的市场价甚至成本价，这不仅不利于农民增收，也影响农业高质量发展。本章基于对不同类型电商企业和电商平台，以及农民合作社、消费者等相关主体的实地调研，分析农产品低价上行的成因和后果，并提出改进对策。

一 农产品低价上行之因：供需形势、品牌痛点与引流催化

总体而言，低价上行是农业供给侧结构性矛盾条件下遭遇引流催化的结果。总量供过于求、下沉需求释放、品牌化程度低等因素给低价上行提供了环境，但重点在于，低价上行并非在解决这些痛点，而是对原本弱势的产业加以利用和催化。由于生鲜农产品是当

前农产品电商的主要增长点,① 而水果类又是涉及低价上行的典型品类,本部分在分析供给侧结构性矛盾等产业端问题时,将主要以水果类为分析对象。

(一) 总量供过于求决定农产品低价上行基本面

中国是世界主要的水果生产国和消费国,尤其是柑橘、苹果和梨等大宗水果品种的产量均居世界首位。近年来,国内水果产量稳步增长,进口规模快速扩大,许多果品出现了产能过剩、价格下滑等现象。水果产业的主要矛盾已经从过去的供应短缺转变为产能过剩、结构失衡。可以说,低价上行现象在一定程度上反映了现阶段中国水果产业的供需矛盾。

第一,产能过剩问题普遍存在。随着中国农业生产能力的不断提升,人民的"菜篮子""果盘子"越来越充足和丰富,但产能过剩问题也逐步显现。近年来,中国水果产量始终保持稳定增长态势,根据国家统计局数据(见图4-1),2020年,中国水果产量再创历史新高,达到2.87亿吨,同比增长4.71%,比改革开放之初(1978年)增长了近30倍,较20年前(2001年)增长了一倍有余。人均水果占有量显著提升,2020年达到203.24公斤,是2001年的两倍。与此同时,尽管对水果的消费需求不断增加,2020年中国消费量达到了历史最高水平2.07亿吨,但相较

---

① 根据《中国农业电子商务发展报告(2020)》数据,2019年生鲜产品网络零售额1094.9亿元,占全国农产品网络零售额的26.3%,为全网农产品零售额最大的品类,其中水果依旧是网络零售额最大的品类,占生鲜产品的38.3%。

于供给量仍有 0.8 亿吨的过剩产能。① 再加上国际水果市场的冲击，中国水果产业从总量上看已经处于供大于求的阶段。

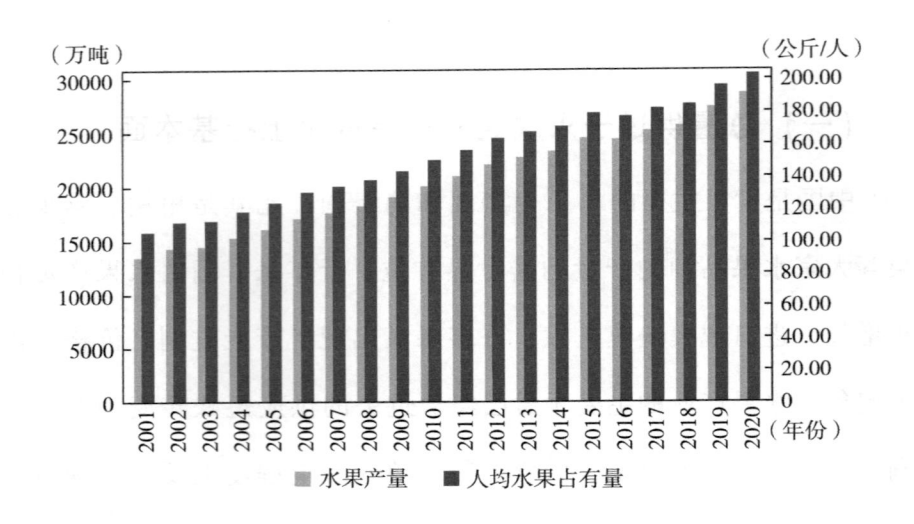

图 4-1　中国水果产量及人均占有量变动（2001—2020 年）

第二，结构性失衡问题突出。尽管国内水果产量稳步增长，但种类依然较少、总体品质没有大的突破，农业生产导向没有紧随市场需求的变化进行调整，出现总量供应过剩与高品质产品供应不足并存的结构性矛盾。同时，在品质结构方面，整体品质偏低，大路货占主导。在课题组调研的若干个水果生产基地中，有不少水果生产经营者表示，在现有生产模式和投入水平下，即便精心管理，通常也只能生产 20%—30% 的精品果，这些品相卓越的精品果往往有稳定的供销渠道，大多数被高端商超和渠道订购。占大头的普通品

---

① 此处水果供需数据为国内生产及消费量，不包含进出口量。

相则需通过更大流量的形式走量,通过多种渠道消化,且受供需因素、价格行情等影响较大。

第三,区域性和阶段性失衡并存。技术和市场信息缺位或滞后、农户非理性种植行为,以及部分短视性产业发展政策,共同导致了一些水果品种的无序扩张,使区域内农产品供给过剩,农产品同质化竞争问题较为突出。再加上现阶段中国农产品仓储冷链设施不健全,易腐性生鲜农产品集中上市容易出现阶段性供给过剩。例如,水果产业是许多地方产业扶贫的重要选项,但由于缺乏深入的市场研判,盲目复刻推广所谓的"成功经验",导致许多地方扶贫产业严重趋同。随着一大批幼树的逐年生长和进入丰产期,特色农产品供大于求的矛盾逐渐凸显,对果品销售造成较大压力。新华社曾报道贵州某县将火龙果作为产业扶贫项目重点扶持,2008年产业发展之初火龙果地头收购价可达15元/斤,但随着全国多地火龙果种植面积的扩张,供给量同步增加,价格出现明显下降。到2017年,当地的火龙果地头收购价格已降到了每斤1元多,最高品质的也只有每斤3元多,极大地伤害了农民的生产积极性、影响了产业扶贫的效果。

(二)下沉需求为农产品低价上行提供市场土壤

当前中国正处于消费结构的转型过程中,水果等品类构成了食品消费的主要增量,但由于收入差距、新冠疫情冲击,消费下行压力增大,消费分化更为突出,同时,下沉市场的潜力激发与价格敏感并存,为低价上行提供了土壤。

第一，食品消费结构转变，水果消费需求快速增长，但消费分化，中低端消费需求扩张。一方面，随着中国城镇化步伐的加快、城乡居民收入水平的不断提高，居民膳食结构发生明显调整，粮食、蔬菜消费占比不断下降，乳品、水果等食品消费量明显增长。而水果也正是近年来低价上行和流量竞争的主要品类。根据《中国统计年鉴（2020）》数据，改革开放以来，粮食、蔬菜等消费量占比不断下降，肉、蛋、奶、水果消费量占比不断攀升，其中水果类消费量占比增长迅速，成为仅次于粮食、蔬菜的第三大农产品消费品。另一方面，在消费转型过程中，新冠疫情冲击等因素加剧了食品消费的分化，中低端消费群体增加。根据天猫平台上食品行业部分品类分价格段销售额的增长情况，销售额的增长趋向高端和中低端分化（搜狐网，2021）。

第二，下沉市场潜力进一步被激发，但高度的价格敏感也使低价上行"对味"。以三线及以下城市、县镇、农村地区为代表的下沉市场，人口基数大，其中蕴藏着巨大潜力，这已是业内共识。随着交通网络、物流、信息技术等基础设施的不断完善，下沉市场消费者的网络消费需求得以源源不断地释放。以农村市场为例，近年来，中国农村消费保持较快增速，在整体消费市场中的地位越发凸显。根据国家统计局发布的数据，2020年全国乡村消费品零售额为52862亿元，增速连续8年快于城镇。乡村人均消费支出同比增长2.9%，助力全国消费稳步复苏，而同期城镇居民人均消费增速为−3.8%。下沉市场在未来仍有较大发展空间。但是，受制于收入水平，下沉市场农产品消费层级相对较低，价格敏感性较高，这也使不少平台倾向采取低价策略抢夺下沉市场。

（三）品牌化程度低是低价上行背后的产业痛点

在传统销售过程中，农产品是典型的信息极不对称产品，因此，品牌是反映农产品质量的关键信号与保证，农产品品牌化是降低信息搜寻成本、消弭生产者与消费者之间信息鸿沟的有效手段。但由于上行规范不统一，农产品的质量信息不对称问题在电商销售渠道中表现得更为明显，而现阶段中国农产品品牌发展滞后，反而扩大了"去品牌化"的低价上行农产品的供给量。

第一，生产分散化、产品非标准化，制约了农产品品牌化程度的提升。提高农产品的品质是品牌发展的第一要义。一方面，农产品的生物特殊性给标准化分拣带来了制约，农产品分级标准缺失，导致优质难以实现优价，容易陷入"低价竞争"困境，并引发"劣币驱除良币"现象。另一方面，在中国农业尤其是特色农业产业小而散的生产格局下，如何实现标准化种植、标准化管理，从而把控农产品品质，成为农产品品牌建设的一大难题。根据调研情况发现，现阶段多数企业购置的水果自动分拣装备仅能从果重、果径、形状等外在特征进行分拣，而能够测定糖度、水分等内在功能的设备较为昂贵，且不同水果往往需要不同的分拣机器，对机器专用性要求较高，一般企业难以负担，因此难以大范围应用。

第二，竞争性商业品牌培育不足，区域公共品牌维护不善。现阶段中国农产品品牌建设程度仍然较低，"有特色无品牌""有品牌无影响力"现象较为普遍，严重缺乏像美国"新奇士"橙子、新西兰"佳沛"奇异果这样具有竞争力的商业品牌，品牌化建设的成果更多地体现在赣南脐橙、烟台苹果、库尔勒香梨等区域公共品牌。而相较于商业品牌，区域公共品牌存在品牌拥有者与产品经营者分离、重认证缺维护等问题，产品经营者缺乏对品牌的共同维护意识，也没有建立起有效的行业自律组织，同时也缺乏统一的产品标准，导致品牌价值难以得到充分发挥。

（四）以低价农产品引流的电商行为催化低价上行

低价上行在不同程度上被冠以解决农产品滞销问题的美名，但事实上，与传统线下渠道商家避之不及的价格烂市相比，低价上行已经成为农产品上行市场中的一种竞争形态，引得部分商家趋之若鹜。在平台间流量竞争的现实压力下，低价上行也因其在流量竞争中见效快而被平台竞相效仿，农产品低价上行愈演愈烈。

第一，低价引流策略效果明显，成为平台和商家策略性竞争的手段。相较于线下渠道，电商渠道的价格信号强，低价往往成为快速引流的核心竞争点。一方面，部分电商平台通过发放补贴让产品成为引流款，或通过让渡部分短期盈利抢夺市场份额，换取未来收益。另一方面，商家依靠大路货甚至低品级货品薄利多销，或以战略性亏损吸引客源、增加曝光率，实现广告效应。值得注意的是，部分低价引流只是通过小包装降低订单价，达到引流目的。根据对不同平台电商经营户的调研，低价产品是为了吸引消费者点击浏览产品链接，而进入产品链接后实际购买选择比较多元，多数消费者最终购买的往往并不是最低价的规格和重量的组合，这也使低价上行的性质变得模糊、隐蔽。

第二，低价上行利用农产品质量信息不对称，以低价销售质量中下等的农产品伤害了地域品牌。农产品具有质量的隐匿性、效用的滞后性，在消费市场上属于典型的"信任品"，即质量信息的甄别需要花费较大的成本。根据对陕西某农产品供应链企业的调研情况可以看出，以陕西最具特色的猕猴桃为例，其品种繁多，常见的就有十余种（徐香、翠香、翠玉、粤引2205、海沃德、金桃、金艳、贵长等），许多猕猴桃虽然在口感、甜度等内在特征上差别较大，但在品相、皮色等外观特征上往往难以区分，即使是业内人士也很难仅凭外观就迅速辨识具体品种。低价上行正是突出地利用了这种信息不对称，商家往往买全国、卖全国，对部分品类水果进行跨产区、跨省份收购，整合品质中下、价格偏低、供给量大的果品，混品种、混产地，"去品牌化"地规模化走量。这是以低价获取销量、以供应链效率为支撑的商家盈利模式，并未顾及此举会对地域特色农产品形象造成的伤害。同时，电商渠道的生鲜农产品往往退款烦琐、维权成本高，这也给低价上行的商家以可乘之机。

第三，部分平台以流量规则引导商家实施低价引流策略，催化农产品低价上行。部分平台以流量规则引导商家实施低价竞争模式，虽然表面上规避了平台本身的倾销性质，但实质上是平台引导商家变相实施倾销。这类现象在短爆发、高互动的社交电商和内容电商平台尤为常见。平台的流量头部商家主要通过补贴及多种非正当营销手段获得流量权重，将水果品类做成爆品链接，以超大规模业务量实现"高投入、高周转、高回报"的盈利模式，商家集中度畸高。根据课题组对苹果、梨、百香果、火龙果等品类的观测，部分平台销售量"10万+"的低价引流型卖家集中度指数达70%—80%，即10个左右的商家销售出平台上七成至八成的低价果。尽管低价上行现象高度集聚于部分平台和商家，但因其对平台客流的吸引，也成为平台间竞相模仿的流量竞争制衡点。

二　农产品低价上行之殇：低水平竞争与"劣币驱逐良币"

农产品低价上行现象，因其集聚度高、规模庞大、信号突出，会对市场秩序造成明显干扰。特别是在农业迈向高质高效转型的新阶段，低价上行将以削弱农产品产地、品牌、品质等质量因素的溢价效应为代价，抑制生产者提质转型意愿，对生产者收益和产业发展造成负面影响，进而使产业坠入低质、低价的内卷化竞争陷阱，导致产区间"劣币驱逐良币"，增加了农业转型的风险。

（一）强化电商渠道下农产品低价心智，压缩生产者利润空间

1. 农产品低价上行现象，会固化将农产品视为廉价品互联网消费群体的消费心智，将上行农产品的低价"标签化"

消费者与生产者、电商之间存在严重的质量信息不对称，有些质量信息的不对称，使消费者即便在食用农产品后也无法甄别其质量高低。互联网因其虚拟性、信息扩散快等特征，放大了上述信息

不对称，使消费者难以有效识别农产品的真实质量，更无法在质量和价格上做出理性选择，导致低价在有限信息情况下更具吸引力。低价上行现象，因其交易量大、涉及范围广、集聚性强，放大了上述低价消费选择，强化了低价消费心智模式，长时间、普遍性的低价上行，将上行农产品低价"标签化"，导致整体农产品市场价格预期被拉低，使消费者在心理预期上难以接受农产品的高价，不愿花高价购买高品质、有品牌的农产品。

例如，根据2021年农货新消费状况数据（中国农业大学智慧电商研究院、艾媒研究院，2021），受访网民因优惠活动多、价格便宜因素而偏好线上购买农货的分别为51.8%和48.2%。受访网民在选择农货消费平台时最关注的是价格实惠程度的占56.4%，高于货品质量（54.6%）、食品安全保障（54.3%）及正品保障（50.3%）等质量相关因素。从中可知，农货的网络消费已呈现重视价格实惠甚于质量要求的消费形态。需要特别指出的是，"85后"至"00后"的青年人，既是对农业和农产品普遍缺乏认知的群体，也是当前和未来持续网络消费农货的主力群体，[①] 网络销售农产品若以低价占领主力消费群体心智，势必对消费升级和生产转型产生长期抑制作用。

2. 低价上行会极大压缩优质农产品生产者的利润空间，使生产者增收受阻

生鲜农产品需求价格弹性较高，价格的小幅上涨也会引起需求

[①] 笔者根据易观千帆数据库数据中各类生鲜电商App活跃用户的年龄分布整理，得到30岁以下消费群体往往占半数以上，35岁以下消费群体占绝大多数。

量的大幅减少。在消费者低价心智条件下，某种生鲜农产品的生产者因更高品质（如生产有机农产品，但没有很强的品牌）而定价更高时，将难以获得消费群体的"买账"，在市场上往往被冷落或被动降价销售，从而无法获得与品质相匹配的经济回报，反过来使优质生鲜农产品的生产者成为农产品低价"标签化"的受害者，极大挫伤了其生产积极性。

以红心火龙果为例，通过对广西南宁一家火龙果种植企业进行调研后发现，这家企业已专业从事火龙果生产10年、主打优质红心火龙果，在质量安全、种植技术和生产标准等方面持续投入。该企业曾尝试花大量精力开拓小包装电商品业务，但效果并不好。其背后的原因，不仅在于打造网店品牌需要较长时间的积淀，还在于当前上行态势中，红心火龙果已经以低价占领了消费者心智，单个企业几乎无法在这种生态中突围。此外，对浙江建德一家有机种植农场的调研，也发现类似情况。由于生鲜电商普遍充斥着以低价为特征的火龙果，而高端电商渠道对规模和供应稳定性门槛要求又较高，该农场生产的有机红心火龙果几乎无法以高价有机产品进入当前的生鲜电商市场（除非也接受低价），而只能通过对接高端商超和私域流量来实现农产品的优质优价。

（二）抑制生产者提质转型意愿，加剧产业低水平竞争

1. 低价上行能够短期缓解滞销难题，但也因其强烈的集聚性影响，成为抑制生产者向高质高效生产方式转型的关键因素

生鲜农产品的低价上行激发了巨量的市场需求，这种巨量需求，

将过去农户卖不掉的低端果、尾果、残次果消化掉,并维持了一定收益,这使一些较低质量农产品及其生产者在激烈的市场竞争中占有一席之地。进一步地,低质量农产品畅销的信号传导使部分农业生产者习惯依赖电商缓解滞销的功能,缺乏进行规模化、品牌化、标准化、组织化等提质增效生产方式转变的积极性。长远来看,这会延缓部分产业提质增效和转型升级步伐,使其停留在低附加值阶段。

例如,根据对云南省永胜县某石榴种植基地的调研,在当地,由于高频低价的电商渠道基本上能够消化掉当地所有等级的石榴,往年出现的石榴卖难问题,这两年不复存在,导致有些石榴种植户感到低品质也有了销路,而跟随基地采纳高标准现代化种植技术的积极性就不高。这种"销路"在一定程度上抑制了农户提质升级的意愿,不利于产业形成有品牌、高品质、标准化、规模化的产业格局,果农的长期收益也很难得到提高。

2. 低价上行压缩了农业生产者的收益空间,降低了高质量农产品生产者的内生发展动力,加剧了农业生产的低水平竞争

由于低价上行对低质量农产品的带动,挤占并整体拉低了整个农产品市场行情,导致从事优质农产品的生产者,仅能获得一般质量农产品的利润空间,无法获得与高品质相匹配的溢价收益,这种"不得价"将促使部分优质农产品生产者被迫减少农业生产管理和投入,转向生产大路货,而大路货的增多会进一步压缩收益空间,农业生产者更无利可图,如此下去必将导致农业产业走向低质内卷化竞争状态。

例如，根据线上线下的调研发现，品种、产地相同的800克红心火龙果，线下商超卖价14.9元，部分线上平台则9.9元包邮，其中可能存在平台补贴等营销行为，以及因滞销压力低价收购的买方市场行为。但可以设想，在扣除代办费、物流费、包装费、营销费等成本后，生产者能够获得的收益极低。作为农产品生产者，短期内由于处于竞争弱势地位，即便是优质农产品，也只能接受被动贱卖。如果连续出现"果贱伤农"现象，作为理性生产者，就会减少优质农产品的生产投入，转而选择以最经济的投入来生产外形无差别，但品质较低的产品卖给电商供应商等中间商。在没有市场收益激励的情况下，绝大多数的农业生产者不仅难以转变生产观念，也缺乏改良品种、提高品质、提升栽培技术的积极性。长此以往，产业存在跌入低水平竞争陷阱的风险。

（三）模糊农产品品牌的识别度，激化"劣币驱逐良币"

1. 低价上行现象中去产地化、去品牌化的做法，模糊了农产品品牌的识别度

农产品的信任品属性，即质量信息的甄别需要花费较高的成本，使其本身更需要通过优良产地标识、品牌标识来降低消费者的信息搜寻成本、形成以质得价的市场机制。但是低价上行导致的产品与产区的"劣币驱逐良币"，进一步弱化了产区、品牌边界，导致以产区标识、品牌标识来区分不同产品品质的信号机制失灵。

例如，四川省苍溪县作为"中国红心猕猴桃第一县"，出产的红心猕猴桃品质好，品牌知名度高，市场价格高。优质的苍溪猕猴

桃对成熟季和采摘季有严格要求，当地科技服务站根据气候情况做出适宜采收的通知是在采摘环节确保品质的重要条件。而根据对苍溪县市场监管人员的调研，近年来有大量苍溪之外的早采猕猴桃冒充"苍溪红心猕猴桃"在电商平台销售，打着低价尝鲜的旗号，提前售卖所谓的苍溪红心猕猴桃，扰乱了消费者对苍溪猕猴桃的品牌认知度，给苍溪猕猴桃产业发展造成伤害。

2. 去产地、去品牌化产品挤出有产地、有品牌产品，导致产区间出现"劣币驱逐良币"

在以低价为标签的上行市场中，出现了产区或品牌上的"搭便车"现象，而有优良产地标识、有品牌的产品，则因投入高、定价高，容易受到其他无产地标识、无品牌产品的低价冲击，反而被挤出市场，激化了产区间的"劣币驱逐良币"现象。

例如，会理石榴是国家地理标志产品，四川省会理县政府为了打造优质会理石榴品牌，规定了早熟产区、中熟产区、晚熟产区的开园上市指导时间，[①] 9 月初开园采摘。但在电商平台上，8 月就会出现其他地区的石榴商打着会理石榴标签在网上销售，赚取会理石榴的品牌溢价。而当真正的会理石榴上市时，在价格上反而不占优势、销路受阻。由于消费者不能很好地识别农产品的属性特征，无法有效判断价格和质量的匹配度，最终将价格作为购买决策的依据，导致消费者和原产区的生产者利益均受损。在这种负向激励的传导下，原产区开展提质增效、培育品牌的动力减弱，产业发展会

---

① 详情可参见四川省会理县政府 2019 年发布的《会理县人民政府关于规范会理石榴营销市场的通告》。

被拖入恶性循环。调研发现，会理石榴、洛川苹果、南宁沃柑等产业都面临此类问题。

（四）放大低质需求的信息传导，增加农业转型的风险

1. 低价上行带来的市场需求放大效应，造成了农业供给侧的剧烈波动

一些涉农电商通过低价引流打造所谓"爆款"产品，往往会产生市场需求信号的放大效应。这类突出信号的传递，会对一些市场主体的决策产生误导，进而造成某些品种的农产品在区域甚至全国层面供给的剧烈波动。对于极易受市场信号影响的脱贫地区而言，一些生产主体因缺少市场经验和有效指导，一方面盲目扩大电商热点农产品的生产规模；另一方面容易依赖低价上行而不重视农产品质量的提高，忽视产业长期风险。而一旦同类农产品在多个产区出现"同频共振"，又会进一步加剧供过于求、"果贱伤农"的局面。

例如，在云南省某脱贫县，该县近年来在产业帮扶支持和消费帮扶对接下，软籽石榴产业整体销路得以解决，生产规模持续扩大，并获得了国家地理标志产品保护。但同时，低价上行商家及供应商对该县大量中低端果品进行整片包园收购。这类"畅销"信号，使该县追求软籽石榴生产规模的扩张，甚至忽视了海拔等特殊地理条件对石榴品质的基本约束，推动石榴产业向低海拔区域扩张，虽然增加了低质软籽石榴的产量，但是也进一步拉低了软籽石榴的售价，2021年秋季的市场行情显示，该县石榴整体行情下降，且品质较差的石榴进一步成为低价上行的收购对象。

2. 低价上行造成产业资本浪费，增加了农业向高质高效转型的风险

低价上行助推了低质低价内卷化的生产与消费状态，从供需两侧延缓了农业产业高质量转型发展的步伐，这会对已经具有品牌标识的产地及其农业产业发展带来不利影响。尤其是以低质量产品充斥市场的低价竞争状态拉低产业的整体行情，损害良性生产投资信心，浪费农业投资，使其向高质量发展模式转型面临更多不确定性。

以陕西省洛川县苹果为例，洛川是公认的优质苹果产区，通常在市场上的整体售价也相对较高。目前，一些平台上低价上行的主要不是洛川苹果，而是一些近年来扩张的产区，这些周边县域产区，因纬度低、海拔低、昼夜温差小，无法形成糖分积累，果面、口感不良。近年来，全国各地苹果产区都在扩张，非优质产区的苹果却在低价上行的情形下大行其道，构成低价上行的典型品类，挤占了整体市场，拉低了整体行情。在这种情形下，长期投入的精良产区面临是否持续投入的两难困境。苹果是劳动密集型产业，高质量的产出需要持续的高投入。根据调研，受低品质产品挤压，价格整体下降，导致卖价和投入不成正比，在洛川已经有部分农户因丧失产业发展信心，开始砍树改种玉米。受访者直言："农业和工业不同，产业搞砸了后要再做起来，需要一个很长的周期。"果树砍了虽然可以再种其他作物，但农民对产业发展的预期会受到伤害，这种伤害往往以砍树等止损形式中断投资，并对长期的农业投资形成破坏性浪费，也会损害产业发展信心这一更为宝贵的心理资本。

三 推动电商进一步发挥好助农引擎力量

农产品低价上行的背后潜藏着农业产业发展的深层次矛盾，在新发展阶段推动农业发展绝非一销了之，而需要在农业产业链上，遵循数字技术与实体经济深度融合的主线，全环节推动农业产业数字化转型，将生产者纳入产业链，共享价值链，完善产业链从销向产的协同治理，将优质优价的信号传导到田间地头，进而推动形成更广泛的主体参与、政府有为、平台赋能的农产品上行生态环境，助力县域产业共享数字化转型发展红利。

（一）以规范促创新，进一步完善利农的电商环境

坚持规范和发展并举，全面优化电商发展环境，这是在消费互联网端克服低价上行问题，深化农产品健康上行机制的关键。

1. 建议在健全完善数字经济治理体系方面采用行政监管与行业自律双管齐下的治理举措

除了市场监管部门的跟进，政府应引导和鼓励发育行业协会等行业自律组织，形成平台间流量竞争的公平协商机制和谅解备忘录，形成政府部门监管与行业协会自律的协同治理，阻断行业陷入低水平或恶性流量竞争，从而在平台端避免"高频消费、低客单价"的农产品沦为流量竞争的"DAU"入口。

2. 建立有利于平台企业利用自身要素优势向"三农"投资的共识机制和激励机制

推进社会价值投资的通证化，让解决农业产业发展痛点和难点问题成为平台企业下乡、创造共享价值的重要方面。加快建立可测量、可比较的社会价值评估体系，形成企业"履行社会责任"的规范，引导企业更加注重发挥自身技术优势，用于解决农产品上行前端的生产布局、生产组织和标准等突出问题，让社会创新得到认可，以新的价值机制进一步激励数字企业发挥利农作用。

（二）支持电商大数据服务农业产业多环节提升

充分发挥数据要素作用，加快涉农领域数据要素的市场化流通，创新数据要素开发利用机制。加快平台公共属性类数据的开发利用，创新农业生产信息应用模式，这是破解分散生产、跟风种植、产区规划难等一系列问题的重要手段。具体包括如下几点内容。

1. 提升乡村产业规划的平台数据支撑

规划制定部门应加强与重要涉农电商平台的合作，充分利用大数据技术提高规划的前瞻性，重点解决区域性种植结构错配形成的产能过剩和品质不足等问题，提升整体规划布局与市场结构、消费趋势的融合度。

2. 进一步鼓励和支持数字企业与县域政府优势互补，赋能乡村富民产业链

支持推动县域与数字企业对接合作，打造数字乡村建设县域方案，搭建贯穿农业生产、加工、检测、物流、销售全过程，涵盖生产、供销、金融等多环节的数字化服务平台，加快产业链上各环节的数据要素成为市场观测、产区规划、产品升级的决策依据。培育县域特色产业数字化转型的支撑服务生态，以此助推生产者摆脱低价上行的低水平发展陷阱，积极发展高质高效农业。

（三）促进电商供应链服务向生产经营主体延伸

支持和鼓励优质电商供应链企业成为社会化服务主体，这是加快农产品上行链条专业分工、促进提标降损，从而提高农产品价值链增值环节留存比例的重要途径。具体包括如下两点内容。

1. 支持优质电商平台及其供应商企业与生产基地联合推动农业生产转型

建议参照对龙头企业开展订单农业的支持形式，推广以电商消费订单为支撑的直采和定植模式，为生产基地、合作社等生产经营主体提供全过程质量控制、农业生产标准提升等服务指导，并进一步辐射带动小农户，突出品种培优、品质提升和标准化生产，深化构建基于互联网的供应链管理模式，加快提标降损，整体提高农业产出价值和供应链的服务价值。

2. 支持优质供应链企业提供专业环节服务

支持供应链企业在特色优势农产品产地建仓，提供保鲜存储、分拣分级、加工包装、快递物流等增值服务，通过专业服务带动中小规模生产者标准化水平的提升。针对新建分选分级服务中心，可对配备公共仓、智能选果机械且同时提供社会化服务的经营主体，给予机械购置补贴及优惠信贷等。

（四）构建"平台 X"引领的品牌强农与保护新格局

品牌强农，是提升农业竞争力的迫切要求，是"互联网+"背景下农产品优质优价的必然选择。电商平台作为数字时代农产品销售的重要渠道，推动电商渠道平台与区域公共品牌深入合作，是在数字经济新阶段适应市场规律、创建和维护农产品品牌的新趋势。具体包括如下几点内容。

1. 建议加强电商平台在农产品品牌建设中的规范、引领作用

支持电商平台立足各地优势打造各具特色的农业全产业带，通过建立相应的农产品质量标准体系、品牌准入标准和品牌保护机制，将特色产业集群发展与原产地 IP 建设深度融合，讲好品牌故事，让上行"好货有好价"。

2. 鼓励各地推行电商平台与县域政府在区域公用品牌领域的合作

以完善品牌合约、渠道化运营等手段，推动区域公用品牌的产权明晰化，提升农产品区域公用品牌质量维护和使用效率。转变品牌打造思路，以销售业绩为指标，对推广县域农产品区域公用品牌实施奖励。激励优质平台在农产品品牌建设方面的合作，采取"平台 X 区域公用品牌"或"平台 X 基地品牌"的品牌运营模式，以营销渠道引导和倒逼产供销一体化，提升农产品品质控制和品牌效力，创新农产品品牌建设路径。

3. 发挥数字化机制在公共区域品牌保护方面的作用

建议吸收借鉴国内外数字公司及平台在区域公共品牌知识产权

保护机制建设方面的经验，通过与相关领域数字公司合作，加快构建平台化的区域知识产权品牌保护机制，改被动打假为主动维权，并尽快将维权接入口作为电商平台的必备要件，推动形成区域公共品牌保护的电商新生态。在有条件的地区，可同步加快二维码溯源技术的使用，建设全程可溯、互联共享的农产品质量和食品安全体系，推广数字化防伪、溯源等做法。

（五）完善农产品上行链各环节的基础配套条件

加快完善农产品上行链各环节的基础配套条件，这是推动农业向高质高效转型的必要基础条件。具体包括如下几点内容。

1. 加强政策支持，推动农业生产领域的数字化改造

以主要产区和重要基地为重点，加强物联网、云计算、人工智能等技术在县域农业产业数字化领域的应用，推动数字农业发展，通过环境监控、农作物模型分析等数字技术手段，动态监测土壤、大气、水等生产要素，提升各类农业生产要素的投入配置效率。

2. 提升产后基础配套设施与产业发展规划的融合，推动农产品物流基础设施的数字化改造升级

建议以集约化为思路、以农产品核心产区为辐射，完善覆盖产地全环节的冷链、仓储、分拣、加工等配套设施建设，加快推动生产端"最初一公里"基础配套设施的完善。结合产业发展规划、农产品上行趋势，加大数字化仓储、物流基础设施建设特别是数字化改造项目的政策、资金扶持力度，着力破解项目发展的用地约束和信贷融资难题，解决农产品不分级、难溯源、品牌弱、无规模等制

约农产品销售的难题。

3. 加强数字化仓储、物流基础设施建设、运营的管理规范

将数字化基础设施建设与产业大数据建设相结合，积累高品质农产品生产、销售大数据，为探索形成以销定产、订单生产机制提供数据支撑，助力农产品能够产得出、卖得快，而且能卖出好价钱。

第五章 电商参与对农业生产绿色化转型的影响
——以山西省运城市临猗、万荣两县红富士苹果为例

农村电商作为一种新兴的农产品流通渠道，对推动农业生产绿色化转型具有重要作用。农村电商如何推动农业生产绿色化转型？农村电商推动农业生产绿色化转型还存在哪些改进空间？围绕着这两个核心问题，本章基于山西省运城市临猗、万荣两县红富士苹果调研数据，尝试以市场逻辑和农村社会人情关系逻辑为立足点，构建"电商参与促进苹果种植绿色化转型"的理论分析框架。并进一步基于农村电商发展背景，就农业生产绿色化转型的困境展开分析，得出如下结论：农村电商通过优质优价机制、监督机制和评价反馈机制，促进苹果种植绿色化转型。此外，面子观念在社交电商对苹果种植绿色化转型的影响过程中发挥着重要的调节作用。进一步研究发现，农村电商对苹果种植绿色化转型的影响目前仍面临如下困境。

第一，农村电商参与具有一定的技术门槛，小农户的电商参与能力不足，参与难。

第二，新型经营主体对小农户的引领作用弱、小农户的品牌建设程度低及苹果种植规模小且分散，这导致小农户的电商参与程度低，获利少，绿色生产动力不足。

第三，受自然灾害影响，小农户从电商参与中盈利不稳定，这降低了小农户绿色生产的积极性。

需要注意的是，农村电商很难对农业残余垃圾处理等公共品属性较强的绿色生产行为产生影响。未来，应该进一步强化小农户数字素养，提升小农户的电商参与水平。政府应该强化政府财政激励措施，以鼓励新型农业经营主体发挥引领作用，提高农业生产的组织化水平。鼓励品牌建设，提高绿色农产品的市场竞争力。鼓励通过农地互换等形式扩大土地连片经营规模，提高绿色生产效益。完善苹果保险和防灾基础设施建设，保障农户收益的稳定性，进而激发农民绿色生产的积极性。

一 引言

近年来，随着农业生产水平的提高和农业现代化建设进程的推进，化肥农药过量施用行为屡禁不止。与此同时，农膜、农药瓶、化肥包装物等农业残余垃圾也大量涌入农业生产过程中，导致农业面源污染和农产品质量安全问题日益突出，这一现象不仅对农村周边环境造成了影响，也对国民的生命健康造成了威胁，如何推动农业绿色生产成为农业发展的重要问题。基于这一背景，农业部于2018年提出了《减肥减药促农业品质提升》，紧接着农业农村部等六部委于2021年提出了《"十四五"全国农业绿色发展规划》，建议减少化学农药用量，加大病虫害绿色防控覆盖面，以提升农产品品质，这在一定程度上为农业绿色发展转型指明了方向（搜狐网，2021）。

与此同时，理论界也开始了积极探索，很多学者尝试从农户个体特征（余威震等，2017；张云华，2004）、家庭特征及种植特征（陈江华等，2022）、经济激励（杨玉苹等，2019；王建华等，2022）、政策效果评估（邓远建等，2015；陈转青，2021）等多元视角探讨如何推动农业生产绿色化转型。这些研究虽然在一定程度上为促进农业生产绿色化转型指明了方向，但也占用了大量财政资源且难以形成长效机制，农户绿色生产技术采纳的积极性不高（褚彩虹等，2012），农业绿色生产情况并不乐观（罗小娟等，2013）。

事实上，农户作为农业生产主体，推进农业生产绿色化转型的关键在于农户生产行为的转变。而农户作为理性经济人，其行为方式的主要考量便是能否实现利益最大化。换言之，农户进行农业生产是为了追求利润最大化，因此绿色农产品的销售价格会对农户绿色生产行为决策产生直接影响（任重等，2016）。但是，在传统交易模式下，由于信息不对称和责任不可追踪等因素，导致消费者"不信任"绿色农产品市场，绿色农产品难以卖出高价，极大地挫伤了农户进行绿色生产的积极性。那么如何通过完善的产品和服务市场让绿色农产品获得高溢价，便成为农业生产绿色化转型的关键所在。

近年来,在"互联网+"的推动下,农村电商这一销售模式应运而生,并且在促进农产品流通方面发挥了关键作用(张闯等,2023)。据《阿里农产品电商报告(2021)》,2020年中国农村网络零售额达到1.79万亿元,其中农产品网络零售额高达3975亿元,同比增长27%(搜狐网,2021)。可见,农村电商作为一种新型销售渠道在农产品销售中的作用愈发重要(王翠翠等,2022)。具体而言,农村电商作为一种新型流通方式,与传统交易模式相比,缩短了交易链条,缓解了农产品交易过程中的信息不对称现象,为农产品的优质优价提供了可能(李全海等,2024)。而较高的市场价格会增加农业生产者对绿色农产品的价格预期,进而促进农业生产绿色化转型(李晓静等,2020)。鉴于农村电商在农业绿色生产转型中的重要作用,本章以苹果种植面积和产量稳居全国地级市之首(孔德昇,2019)的山西省运城市临猗、万荣两县作为主要调研区域,进一步探讨农村电商作用于农业生产绿色化转型的具体路径和主要条件。

临猗和万荣作为重要的苹果种植地理标志区,以种植红富士苹果为主。其中,临猗耕地150万亩,苹果栽植面积稳定在70万亩左右,年产量约175万吨,分别占山西省苹果栽培面积和产量的31.05%和40.83%。而万荣苹果种植面积达35万亩,年产量64万吨,年产值12.8亿元,总销售额14.8亿元,其中电商销售额达2亿元,以苹果种植为主的第一产业是全县农民致富增收的支柱产业。此外,临猗和万荣都属于山西省电商发展强县,电商发展在一定程度上缓解了当地大部分苹果滞销和卖不上高价的情况，但电商发展相比江浙一带发展较快的地方仍有很大的进步空间，山西省运城市临猗、万荣两县的电商发展经验对具有类似资源禀赋结构和发展阶段的其他地区具有一定的参考价值。

鉴于此，"电商发展助推苹果种植绿色化转型"课题组于2023年8—11月，遵循分层逐级抽样和随机抽样相结合的原则，采用问卷调研和访谈调研相结合的方法，调查了29个村。考虑到了果农的文化水平且为了保证数据的真实性，问卷调研环节采用了一对一问答的方式进行，总共收回有效问卷612份，问卷有效率达到98%。此外，笔者又根据研究思路和文章框架拟定访谈提纲，通过判断抽样法筛选出符合条件的三位研究对象进行访谈（见表5-1）。在收集相关资料的基础上，运用归纳法分析获取的资料，并通过访谈问题前后回答的互恰性程度甄别访谈资料的可靠性，在此基础上，结合文献分析形成研究结论。

表5-1　调查地区果农苹果种植和销售的基本情况

姓名	县	年龄（岁）	性别	种植时长（年）	规模（亩）	销售渠道
林某	临猗	59	女	12	8	社交电商+客商
赵某	临猗	48	男	20	10	盒马鲜生+本地电商公司+客商
王某	万荣	60	男	13	5	淘宝店

二　电商参与对苹果种植绿色化转型的积极影响

随着农业绿色生产实践的不断深化，绿色农产品能否被市场识别并获得较高的市场溢价，是决定农业生产绿色化转型成功与否的关键。但是在传统的流通渠道下，由于苹果的生产环节和销售环节是分离的，绿色农产品不但无法被消费者识别，而且即使产品出现品质问题也很难追溯到生产者。产品的销售环节也很难对生产环节产生影响。电商销售模式则打破了苹果产销分离的现状，生产者和消费者会通过社交软件或者网购平台进行对接，绿色、优质的苹果会通过完善的产品和服务市场获得高溢价。在电商这种新兴的销售模式下，农户的电商参与行为会对其绿色生产行为产生积极影响。考虑到化肥和农药施用情况是影响农业生产绿色化转型最重要的内容，因此，本部分重点讨论电商参与对于苹果用肥、用药的积极影响，具体包括如下三个方面的内容。

（一）电商参与会降低化肥的施用量

化肥中含有的氮、磷、钾是农作物生长过程中所必需的营养元素。一方面，化肥的施用提高了土壤中氮、磷、钾的含量，有助于提高农作物的产量；另一方面，化肥的过量施用会导致土壤中的氮、磷、钾等元素无法被农作物有效吸收，反而堆积在土壤中，形成化学盐分，进而影响土壤的物理性状，导致苹果的营养元素不均衡，不利于苹果品质的提高。尽管过量施用化肥可能会增加农户的投入成本、降低苹果的品质，但是果农依然愿意多施肥。这是因为在传统的流通渠道下，生产者和消费者是分离的，生产者很难把产品的信息直接传递给消费者，而且在传统的销售渠道下，苹果的果径大小、表面的光滑程度和颜色的美观度等外在标准是影响苹果售价的重要因素，纵使有品质问题，在产销分离的情况下，消费者的反馈也很难追溯到生产端。这就导致苹果的品质高低很难在苹果的售卖价格上有所体现，因而果农为了提高收入，宁愿通过多施化肥来增加苹果的产量，也不愿意冒着减产的风险，少施化肥来提高苹果的品质。

近年来，农村电商作为一种新兴的农产品流通渠道，实现了生产者和消费者的直接对接，生产者能将产品信息直接传递给消费者，有助于绿色农产品获得高价格，而消费者也能将产品的品质问题反馈给生产者，有助于推动生产者改进产品质量。在这一流通渠道下，果农为了提高收入，会对其施肥行为进行控制。调研数据显示（见表5-2），电商参与有助于化肥亩均费用的减少，通过对比参与电商和未参与电商的果农的化肥亩均费用发现，未参与电商的果农亩均化肥施用花费为839.6046元，而参与电商的果农亩均化肥施用花费为771.6070元，参与电商的果农的亩均化肥施用花费低于未参与电商的。

表5-2　　比较参与电商和未参与电商农户的绿色生产行为

变量	变量定义	参与电商农户 均值	参与电商农户 标准差	未参与电商农户 均值	未参与电商农户 标准差
化肥亩均费用	2022年红富士苹果亩均化肥费用（元）	771.6070	367.9906	839.6046	351.8808
农药亩均费用	2022年红富士苹果亩均农药费用（元）	780.4140	376.4107	829.1123	348.3673
有机肥占比	2022年亩均有机肥费用占亩均总肥料费用比例（%）	0.4450	0.2039	0.4078	0.1898

续表

变量	变量定义	参与电商农户 均值	参与电商农户 标准差	未参与电商农户 均值	未参与电商农户 标准差
打药距摘果时间	最后一次打药距离摘果时间：0－15 天＝1；16－30 天＝2；31－60 天＝3；60 天以上＝4	3.0352	0.6716	2.9043	0.6296
农药包装处理方式	随手丢弃＝1；丢至垃圾堆＝2；卖废品＝3；挖坑填埋或焚烧＝4	2.3932	0.7699	2.4457	0.7788
反光膜处理方式	随手丢弃＝1；焚烧或者填埋＝2；丢至垃圾堆＝3；卖废品＝4；政府回收＝5	4.3408	1.0333	4.3440	1.0108

（二）电商参与会提高有机肥的施用量

有机肥是一种利用有机物料堆积发酵而成的有机化合物，包括商品有机肥和农家肥。有机肥具有补充土壤有机质、提高作物根系活力、平衡营养、改善果实风味的重要作用。通常情况下，有机质含量高的苹果糖度更高、颜色更红、个头更大。土壤有机质含量较高的条件下，化肥养分可被作物有效吸收，增产效应显著。然而，在传统的流通渠道下，生产者要通过客商等中间渠道来间接对接消费者，这些中间商通过低价收购苹果再以高价卖出赚取差价，果农获利有限。即使果农多施有机肥来提高苹果品质，这部分因为多施有机肥而产生的成本也难以从价格上进行弥补，即优质苹果和普通苹果在价格上的区分很小，果农施用有机肥的积极性不高。再加上有机肥与化肥相比，具有体积大、用量多、成本高、肥效慢、对施用方式和技术要求高等特点，更是打击了果农多施有机肥的积极性。而在农村电商这一新兴的流通渠道下，消费者和生产者可以直接对接，生产者会以视频、图片等形式将苹果种植过程中的施肥情况展示给消费者，这部分因为多施用有机肥生产出来的优质苹果能够被市场识别，再加上没有中间商从中赚取差价，优质苹果的售价明显高于普通苹果，具有一定的市场竞争力。调研数据显示，优质苹果通过电商销售，每斤苹果的销售价可以达到4—10元，而在传统销售渠道下，同样的优质苹果只能卖到2—3.5元。[①] 统计发现（见表5-2），通过对比参与电商和未参与电商的果农有机肥占总肥料的比重可以发现，未参与电商的果农有机肥占比为44.50%，而参与电商的果农有机肥占比为40.78%。可见，参与电商的果农更倾向施用有机肥。

（三）电商参与会优化农户的农药施用行为

苹果种植过程容易受到病虫害威胁，施用农药是避免苹果在生产中受到病虫害侵袭、保证苹果果面干净，提高苹果商品率的关键。

近年来，农村大部分地区使用套餐模式，用什么农药大多由相应的农资店来指导，即农资店会根据农户的具体情况为农户配好相应种类的农药，因而农户在农药的品类选择方面的随意性较小。与之相反的是，农户在农药的施用量和农药施用间隔期方面（最后一次打药距离摘果的时长）仍有较大的随意性。由于农药的分解需要一定的时间，如果农药施用量过大，最后一次打药与摘果之间的时间间隔过短，则意味着苹果中含有农药残留的可能性较大；如果农

---

① 相关数据均来自课题组在2023年8—11月的调研成果。

药用量合理且最后一次打药距离摘果的时间间隔足够长,则苹果中的农药残留可能性较小。

事实上,农药作为一种外源添加物质,会对苹果的营养成分、风味、色泽、口感等产生影响,而农药残留会在苹果的品质上有所反映。但是,在传统的流通渠道之下,消费者和生产者需要通过中间商进行对接,生产者和消费者之间是分离的。客商大多数根据苹果的大小、表面的光滑度来定价,农药残留并不会对苹果的售卖价格产生影响,就算消费者认为农产品有农药残留也很难追溯到生产者。而生产者为了提高苹果的商品率,也会倾向增加农药的用量。而在电商销售模式下,生产者和消费者可以直接对接,消费者如果认为产品有农药残留方面的问题,会通过评价反馈的方式联系到生产者,生产者需要对消费者负责。

此外,在平台电商模式下,相关的平台会有相应的农残检测要求,虽然社交电商没有这种平台约束,但是农村传统社会的人情和面子观念也在农药残留的约束过程中发挥着重要作用。事实上,在电商销售模式下,农户作为理性经济人,苹果销售对于他们而言并不是单次博弈而是多次博弈,为了保证有更多的回头客,果农也会自觉将苹果的农药残留降到最低,以提高苹果的品质和风味。

根据调研数据(见表5-2)可知,在对数据进行取对数处理的基础上,通过对参与电商和未参与电商的农户农药施用行为进行分析发现,参与电商的农户亩均农药费用为780.4140元,未参与电商的农户的亩均农药费用为829.1123元。相比未参与电商的果农而言，参与电商的果农的亩均农药费用较低。而且参与电商比未参与电商的果农打药距离摘果的时间距离长。

三 电商参与对苹果种植绿色化转型的影响机制分析

苹果种植绿色化转型指的是农户由多施化肥和农药增产的盈利思路，向减少化肥和农药投入，增施有机肥，采用水肥一体化、测土配方施肥等绿色生产技术，以提高苹果品质的盈利思路转变。农村电商的出现，打破了传统流通渠道下，生产者和消费者分离的情况，将生产者和消费者直接对接起来。农村电商作为农产品流通的重要途径，对农户绿色生产行为具有重要影响。区别于一般电商，农村电商是电商在农村地区的具体应用。

结合农户参与电商的实际情况，将苹果种植户的电商参与模式分为平台电商模式和社交电商模式。平台电商模式主要包括在第三方网站交易和采用独立网站交易。其中，第三方网站交易主要是指苹果种植户在京东、淘宝、拼多多等电商平台上开设网店销售苹果的行为。而社交电商模式指的是农户通过微信、微博、QQ等社交平台向联系人推荐自家特色农产品的方式，这些顾客基本属于小农户既有的社会网络。这种以小农户既有社会网络为基点、以关系人为关键节点的关系网络模式是社交电商发挥作用的主要方式。需要注意的是，考虑到抖音用户的异质性，基于团队运营的抖音用户其实已经不属于传统意义上的社交电商，但考虑到调研样本中不存在这种类型的抖音用户,因而将在抖音上售卖苹果的方式归于社交平台。

那么,农村电商作为一种新型的流通渠道,能否倒逼生产端,对苹果生产环节产生影响?其中的影响机制又是什么?围绕这些问题,尝试以市场经济和农村人情关系为两条逻辑主线,从农产品的优质优价机制、监督检测机制和评价反馈机制三方面出发,梳理农村电商作用于苹果种植绿色化转型的机制。

(一)优质优价机制

所谓的优质优价指的是好的产品能被消费者识别,并且能从价格上与一般的产品区分开来,即产品质量越好,在市场流通过程中的销售价格越高。

在传统的销售渠道之下,生产者和消费者是分离的,生产者一般通过中间商和消费者对接。在这个过程中,消费者无法从生产方这里获得任何苹果种植过程中用肥用药的相关信息。再加上苹果属于经验品,消费者在购买前无法对苹果的风味、口感、甜度、水分和农药残留等做出判断。正是因为消费者在购买苹果之前很难识别苹果的内在质量方面的信息,因而不愿意以高价购买苹果,阻碍了苹果优质优价的实现路径。再者,在传统流通渠道下,生产者无法直接对接消费者,中间商通过低价收购苹果,再以高价卖给消费者,纵使消费者可以识别绿色产品且愿意出高价购买,但高出的价格也很难落到生产者手里,往往是被中间商获取,生产者很难从绿色生产中获利,这间接导致了生产者失去绿色生产积极性。

在电商这一新型的流通渠道之下,一方面平台的产品质量认证,有助于提升绿色产品的市场辨识度,抑制生产者的投机行为;另一方面,生产者可以通过电商平台与消费者直接联系,生产者可以通过图文介绍、视频演绎等产品展示机制,向消费者传递真实的农产品生产和品质信息及其他消费者的购后体验信息,增强消费者对产品质量的认知,提高优质绿色产品的市场识别度和市场竞争力,进而有助于提升消费者的溢价支付意愿。

此外,电商平台通过搭建生产者与消费者的直接对话平台,降低中间商的市场垄断地位,提高生产者的议价能力,帮助生产者争取更多的收益。而消费者愿意为绿色产品付高价的信息又会传递到生产端,对果农的生产行为产生积极影响。为了实现更高的收益,提高自身在线上销售市场中的竞争力,果农会通过减少化肥农药施用量、增加有机肥的施用量、延长农药间隔期等方式,提高苹果的品质。

就卖出高价的可能性而言,调研数据显示(见图5-1),通过对比参与电商的农户和未参与电商的农户发现,在参与电商的农户中,认为自己多施有机肥和农家肥提高苹果品质,6.00%的果农认为卖出高价的可能性非常小,4.30%的果农认为自己卖出高价的可能性很小,15.50%的果农认为自己卖出高价的可能性一般,28.80%的果农认为自己卖出高价的可能性较大,45.20%的果农认为自己卖出高价的可能性很大。在未参与电商的农户中,42.00%的果农认为卖出高价的可能性非常小,18.20%的果农认为自己卖出高价的可能性很小,19.00%的果农认为自己卖出高价的可能性一般，4.70%的果农认为自己卖出高价的可能性较大，15.80%的果农认为自己卖出高价的可能性很大。

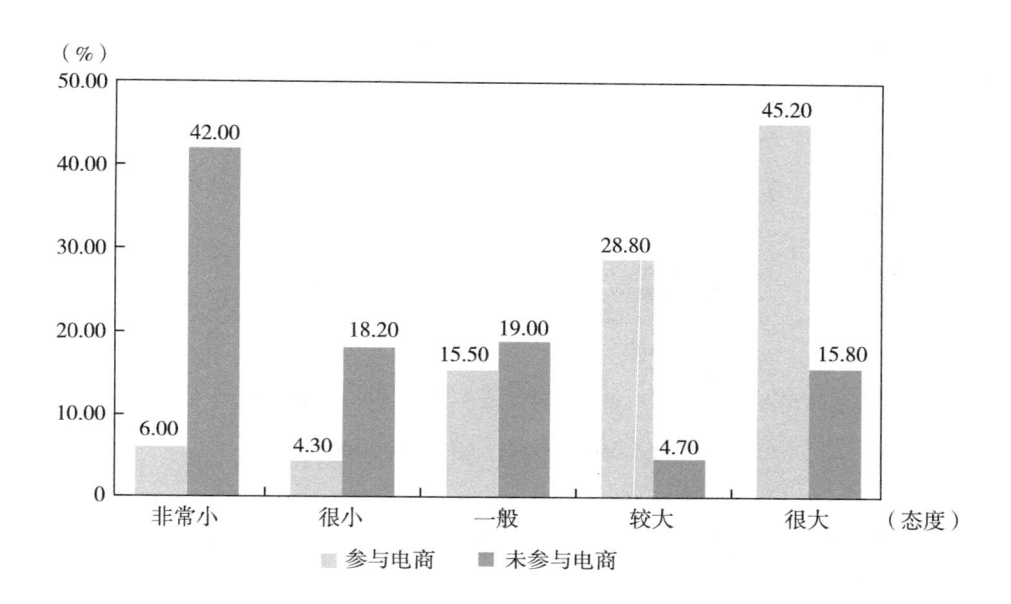

图 5-1 参与电商的农户和未参与电商的农户关于绿色产品卖出高价的可能性

注：将农户认为优质农产品会卖出高价的可能性分为非常小、很小、一般、较大、很大五类。

就市场溢价能力而言，调研数据显示（见图5-2），通过对比参与电商的农户和未参与电商的农户发现，在参与电商的农户中，认为品质好的苹果比品质一般的苹果的价格能高出80%以上的占比为35.30%，而未参与电商的农户认为品质好的苹果比品质一般的苹果的价格能高出80%以上的占比为0.70%。72.40%未参与电商的果农认为，品质好的苹果比品质一般的苹果的价格能高出不到20.00%。

(%)

```
80.00
70.00                                    72.40
60.00
50.00
40.00   35.30                    35.30
30.00
20.00        16.80                       22.40
10.00             6.40 6.00
                                              2.30 1.80 0.70
        参与电商                   未参与电商
```

市场溢价能力： ▨ [0，20%]　▨（20%，40%]　■（40%，60%]

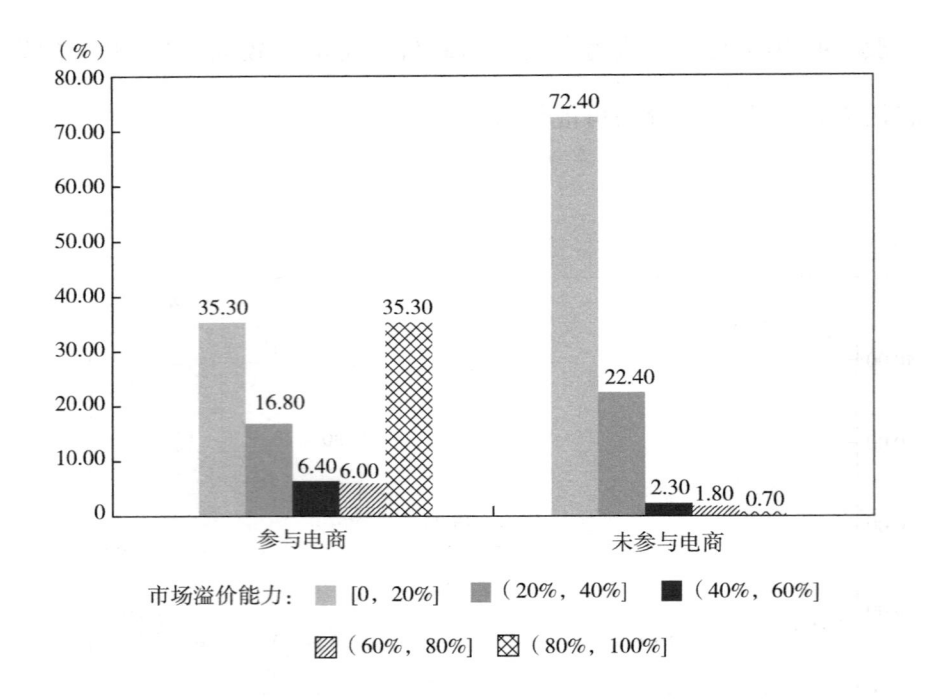

▨（60%，80%]　▨（80%，100%]

图 5-2　参与电商的农户和未参与电商的农户关于绿色产品市场溢价能力的态度

整体来看，参与电商的果农相比未参与电商的果农，认为电商作为一种新的流通渠道，能让优质产品卖出更高价格的可能性更大。而且通过对比不同市场溢价水平下，果农的有机肥施用情况发现（见表5-3），市场溢价高的农户有机肥占比为46.49%，市场溢价低的农户有机肥占比为39.76%。市场溢价高的农户的有机肥占比高于市场溢价低的农户的有机肥占比。

表 5-3　不同市场溢价水平下农户有机肥施用情况对比

变量	市场溢价高 均值	市场溢价高 标准差	市场溢价低 均值	市场溢价低 标准差	均值差
有机肥占比	0.4649	0.1691	0.3976	0.2105	0.0673***

注：***表示在1%的水平上显著。

案例 5-1 王某说:"我之前没开店的时候,苹果一斤两块钱左右,好的苹果能卖三块钱,但是我们红富士套袋成本很高,要是低了两块钱我们就是赔钱,就算最好的苹果卖三块钱,一斤苹果只挣几毛钱,还不算自己一年搭上的辛苦,挣不下钱。后来我就开了个网店,去年网店上好的苹果能卖六七块钱一斤,也有卖五块多的时候,这一年下来就能赚20来万元,今年辛苦点,好好种苹果,把品质做上去,卖个好价钱。"

可见,电商参与提高了果农的收入预期,尤其对于高品质的苹果而言,其溢价效应更为明显,这在一定程度上激发了果农进行绿色生产的积极性。

(二) 监督检测机制

监督检测是区分产品质量的关键。事实上,电商平台下的监督检测和传统流通渠道下的监督检测的主体是不同的。

第一,在传统流通渠道下,生产者和监督者是分离的,监督主体一般是客商或代办,而果农是被监督的对象,监督主体和被监督主体的利益是对立的。而且由于监督者难以深入生产全过程,只能按照市场标准对最终的产品质量做出大概判断,生产者甚至会为了自身利益故意隐瞒产品信息,导致监督者无法对产品质量做出准确的判断,这就导致果农可能会出现"搭便车"行为,整个市场出现"劣币驱逐良币"现象,优质产品和劣质产品很难在质量监督环节进行区分,打击了生产者绿色生产的积极性。而在电商这一新兴的流通渠道下,果农既是生产者又是监督者,监督主体和被监督主体具有一致性,且利益是统一的,在这一监督情境中,果农处于自我监督状态,具有一定的积极性。果农作为苹果的生产主体更清楚产品的品质和状态,降低了监督成本,提高了监督效率,在对产品品质把控的过程中,优果率越高,果农越能从中获利,为了提高质量检测中的优果率,果农会努力提高产品质量。

第二,在传统流通市场下,生产者对客商负责,而客商数量有限,且对产品的要求标准相对统一。此外,由于客商对产品的需求量大,不可能对每个产品的品质逐一检测,况且苹果品质难以统一,加大了监督的难度,即使是同一棵树,其品质也会参差不齐,只能通过一些外在的条件进行区别。因而大多数客商根据经验,通过抽样等方式对产品的品质进行检测,对产品的品质把控较为宽松。但是在电商交易模式下,生产者需要对消费者负责,消费者群体多,需求多样,相较于客商统一标准,线上消费者群体的多样化导致其对产品品质的要求也具有多样化和高标准的趋势,进而对产品的品质提出更高要求,监督检测环节的高要求会促使果农绿色生产,以提高苹果品质。

第三,在传统销售渠道下,苹果生产者面临的竞争可能是区域性的,而在电商平台下,生产者的竞争对象从区域性拓展到了全国性,竞争更为激烈,生产者必须加强产品的品质把控,才能在全国性市场中脱颖而出。此外,相较于传统销售渠道,线上销售更容易提高消费者的忠诚度,为了维持这种消费习惯或者消费偏好，果农会提高对产品的质量监督，以防消费者流失。具体而言，苹果本身作为一种经验品，消费者如果在购买过程中获得了良好的消费体验，就很容易形成对平台或网店的依赖，相应地，如果消费者在购买中的体验感较差也会形成对平台或店铺的排斥。因而电商平台和生产主体为了保证消费者群体的消费黏性，会提高对产品的质量监督，进而促进果农绿色生产。

第四，电商平台有一定的准入门槛，参与电商则必须遵守来自对其更为严格的食品安全方面的监管。加入电商平台必须承担一部分押金作为网店诚信经营的担保，如网店出现销售残次品等系列违约行为将予以扣除，这种监督方式一定程度上会督促参与电商销售的网店加强对产品质量的把控，甚至会直接对生产端产生一定的监管作用。此外，平台会以匿名身份定期对产品质量进行抽检，如产品销售质量有问题，也将会采取相应的手段进行处理。另外，监督电商也会将果品划分等级，以保证果品质量的供应。严格的监督会筛掉很多不符合标准的次果，而提高经济收益的关键在于降低被筛选为次果的概率。果农为了实现更高的经济收益，只能通过绿色生产的方式，努力提高产品的品质，而严格的检查和监督环节会促进果农绿色生产。调查数据显示（见图5-3），58.53%的果农认为，电商与客商相比，对苹果的品质要求更高；30.98%的果农认为，电商比客商的定价分类标准更细（见图5-4）。

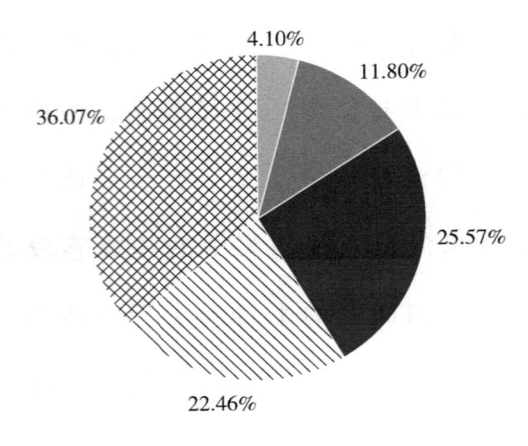

图 5-3 电商相比客商对产品的品质要求

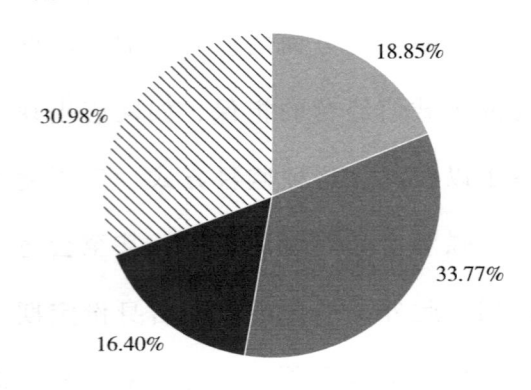

- 非常低 4.10%
- 比较低 11.80%
- 一般 25.57%
- 比较高 22.46%
- 非常高 36.07%

图 5-4 客商相比电商对产品的分类标准

- 不清楚 18.85%
- 更粗 33.77%
- 差不多 16.40%
- 更细 30.98%

案例 5-2 林某说:"之前客商来收的时候,都是一车一车地拉,他们要的量大,上万斤是常有的事情,他们收购的标准就是看你苹果的大小和着色,大概看一眼就收走了。电商可不是,电商就是一个一个地挑,一个一个地放到包装箱里,给客人发走。尤其是你像我们在手机上卖苹果,这个要一箱,那个要两箱,我们都给人家挑得很仔细,有的人要大的,有的人倾向要甜的,有的人喜欢脆的,你这么一挑,可能好多果子就从好苹果里面被筛掉了,你要是筛掉的苹果越多,你卖的钱就越少,要想挣钱就只能好好种苹果,舍得用有机肥,这样苹果的口感才能上来。除此之外,还得好好把握苹果种植的时候,你比如按时下袋、按时打药都重要得很。"

可见,农村电商参与会提高对苹果的监督检测力度,进而推动果农选择绿色生产。

(三) 评价反馈机制

评价反馈指的是消费者在购买商品之后,对商品做出评价,并对生产者产生影响的过程。

在传统的销售模式下,生产者和消费者是分离的,生产者一般将产品卖给客商,然后由客商将商品卖给消费者,生产者不对消费者负责。该模式下,消费者通常不知道生产主体是谁,如果遇到产品质量方面的问题,也不知道追究谁的责任。再加上,苹果属于经验品,就算消费者认为产品有质量问题也很难维权。由此,生产主体往往也就不会很在意生产方式和产品质量,而是从利益最大化角度选择能够获得最大收益的生产方式。

在电商销售模式下,一方面,生产者与消费者之间的关系发生了变化,生产者需要对产品的质量负责,如果消费者认为产品质量有问题,消费者就会给出较低的评价,并且会有退货、投诉等行为。而且这种公开的评价会形成网店的信用背书,并对其他顾客的消费行为产生影响,进而直接影响产品销量和果农收入。如果网店未能及时处理退货退款等消费者纠纷,平台就会介入,通过扣除押金（网店入驻平台电商时会提前支付一定的押金）或者降低排名（排名越靠前，消费者越容易看到）等方式对网店形成制约。考虑到平台惩戒压力和消费者的负面反馈可能造成的利益损失，生产者会采用绿色生产方式，提高产品质量，以减少负面评价。

另一方面，电商平台缩短了生产者和消费者之间的空间距离，为消费者和生产者之间的互动、沟通和反馈提供了更多机会。消费者可以通过电商平台向生产者传递自己对产品品质的偏好，生产者也会更加明确消费者的需求。为了更好地满足消费者的需求，获得更高收入，生产者会倾向于采用绿色生产方式，提高产品质量。而产品的追溯环节在其中发挥着重要作用。数据显示（见图5-5），在参与电商的果农中，89.20%的果农认为苹果销售环节完成之后有任何质量问题可以追溯到人的层面，4.70%的果农认为苹果售后可以追溯到村的层面。而在未参与电商销售的果农中，60.80%的果农认为客商拉走的苹果很难追溯。

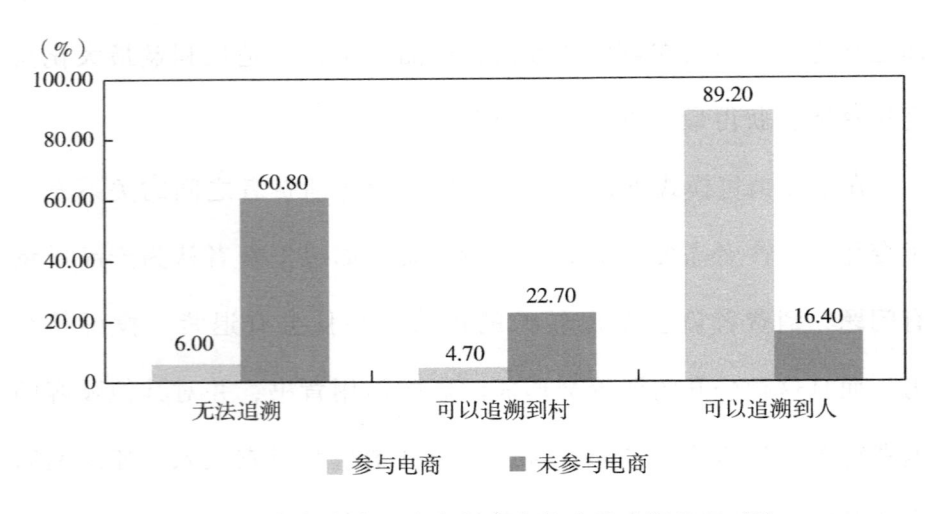

图5-5 参与电商和未参与电商的产品追溯情况对比

需要注意的是，农户参与社交电商是通过微信、QQ等社交软件进行交易的过程，不涉及平台介入的问题。考虑到苹果属于经验品，因而在平台电商模式下，消费者对于产品的品质评价会对其他消费者的购买行为产生重要影响。而且电商平台也对网店的诚信经营行为发挥着重要的监督作用。不同于平台电商，在社交电商模式下，生产者和消费者属于一对一的对接方式，消费者对于苹果的评价不会对其他消费者的消费行为产生影响，消费者购买苹果在很大程度上是基于和苹果销售者直接或间接的人情关系，而且平台惩戒对于社交电商而言很难发挥作用。

在这种交易模式下，社交电商是基于人情关系网络发展起来的。其中，面子观念是人情关系网络中重要的行为准则。在社交关系网络中，生产者将自我置于特定关系情境中，彼此之间的联系和对彼此的评价是社会关系网络中的重要内容，消费者对苹果的积极评价会让生产者觉得有面子，从而产生积极的心理满足感。而消费者对苹果的消极评价会让生产者觉得丢面子，产生消极的心理反映。为了维系面子，生产者便会积极采用绿色生产方式以提高产品质量。

案例5-3 王某说："现在人买东西都看评价好不好、买的人多不多，你看我们卖苹果的，如果苹果又大又红又甜，好评多不多不敢说，最起码差评肯定很少，这个就会有人来买，但是一旦你的差评和退货很多，那就麻烦了。所以，说一千道一万还是得好好种苹果。另外，通过这些方式（电商平台或社交平台），客人也常和我们说苹果的情况，有的人说今年苹果水分大，好吃得很；有的人说今年苹果比去年甜，那我就会想是啥原因造成的呀，可能是今年用的有机肥的量多了，明年也按照今年的量来。"

可见，电商模式下的评价和反馈机制会影响到果农的绿色生产行为。

案例 5-4 赵某说："你像我们这苹果种的在我们村其实算是最好的了，大家都说我们的苹果好，我们不管是卖给自己的朋友，还是卖给电商公司什么的，都是挑最好的卖给人家，要不大家都熟悉，要是你给人家的苹果不好，人家说你两句，多丢面子呀，苹果好我们好多时候也觉得脸上有光。"

总而言之，面子作为农户行为的重要参考因素，会对农户的绿色生产行为产生积极影响，越重视面子的人越愿意采用绿色生产行为。

四 农村电商推动农业生产绿色化转型的困境

基于上述分析可知，电商通过优质优价机制、监督检测机制和评价反馈机制促进苹果种植绿色化转型。事实上，农村电商促进苹果种植绿色生产转型是有局限的。一是农村电商参与具有一定的技术门槛，小农户参与电商的能力不足。二是电商参与程度低，农民获利少，绿色生产动力不足。农村电商将面临更大的市场竞争问题,这便和农产品是否易识别、农产品品质把控是否严格及农产品的标准化供给有重要关系,进而对农产品的品牌化、规模化和组织化程度提出要求。三是果农从电商参与中盈利的不稳定性,导致小农户绿色生产积极性不高。此外,需要注意的是,农村电商对农业绿色生产行为的影响是有边界的,它很难对农业残余垃圾处理等公共性较强的绿色生产行为产生影响。具体而言,农村电商在推动农业绿色生产转型的过程中,仍面临如下几个方面的发展困境。

(一) 小农户参与电商的能力不足

在传统的流通方式下,小农户只负责种植苹果,不负责销售苹果,不会直接对接消费者。而在电商流通渠道之下,小农户由单一生产者转变为生产者和销售者的双重角色。这一新的身份也对小农户提出了相应的要求。小农户不仅需要掌握基本的销售逻辑,还需要熟悉互联网基本的操作流程及电商平台的营销模式,包括销售前产品的宣传和推广、产品销售中的顾客服务与需求满足,以及售后问题的回复和及时处理等。

通过调查发现,果农的平均年龄在54岁,年龄偏大,77.00%的果农的文化水平为初中及以下,整体文化水平较低,58.80%的果农用手机看化肥和农药方面的信息频率不高,这在一定程度上反映了果农对电商这一新事物的接受能力有限。而且小农户入驻平台电商时需要支付一部分的押金,此外,还需要购置电脑及多功能手机,收入水平较低的小农户没有参与电商的基本条件,因而难以参与到电商中。

此外,电商能否促进农业生产绿色化转型,也与小农户的电商参与程度密切相关。虽然有46.72%的果农通过电商销售苹果，但是电商参与仍以社交电商为主要形式，占苹果总销量的32.79%，平台电商参与率较低，销售量仅占苹果总量的14.26%，仍有超过一半的小农户通过传统的线下途径销售苹果。需要注意的是，电商参与程度在50.00%及以上的占比仅为21.47%，可见，电商的整体参与程度较低。通过调查发现，69.60%的小农户没有亲戚帮助销售苹果，77.40%的小农户没有朋友帮助销售苹果。可见，电商参与程度的高低和小农户的社会关系网络较窄有关。

（二）新型农业经营主体对小农户的引领作用弱

小农户的绿色生产认知和绿色生产行为与新型农业经营主体相比都较为落后，具体如图5-6所示。有43.90%的小农户有正确的农药残留认知，而47.40%的新型农业经营主体有正确的农药残留认知。在化肥过量使用是否会对土壤造成损害方面，53.70%的新型经营主体有正确的认知，而45.50%的小农户没有形成正确认知。而且在有机肥使用占比方面，新型农业经营主体也比小农户高出了将近5%。就电商参与程度而言，新型农业经营主体的平均电商参与程度比小农户高1.70%。

在新技术的应用方面，新型农业经营主体相较于小农户而言，具有明显的优势。新型农业经营主体采纳物理防虫技术是小农户的2倍多，采用水肥一体化技术的比例也比小农户高出20.00%，采用测土配方施肥也比小农户高出3.00%，因而整体来看，新型农业经营主体与小农户相比，在电商参与和农业绿色生产转型过程中，具有明显优势。而且实际上，大多数小农户无法直接参与到电商中，他们通过把产品卖给电商公司从而间接参与电商销售。而在这种模式下，分散的生产模式，加大了对苹果品质把控的难度，新型农业经营主体介入生产环节有利于满足电商销售对产品的标准化要求。而且为了确保农产品数量与品质的稳定性，电商公司一般不会直接和小农户进行对接，而更倾向通过新型农业经营主体与小农户签订书面契约，建立紧密的合作关系，使小农户的生产与加工能力能够适应农产品电商市场的需求。可见，新型农业经营主体作为实现中国农业现代化的主力军，在强化小农户参与电商能力、提升小农户绿色生产水平、拓宽小农户增收空间方面发挥重要作用。然而，在调研区域内加入合作社的小农户仅有14.92%，而且96.39%的合作社不提供销售或代销售服务、78.03%的果农在遇到种植问题时不会咨询合作社，合作社在苹果种植和销售过程中发挥的作用很小。可见，新型农业经营主体未能充分发挥其对小农户电商参与的引领作用。

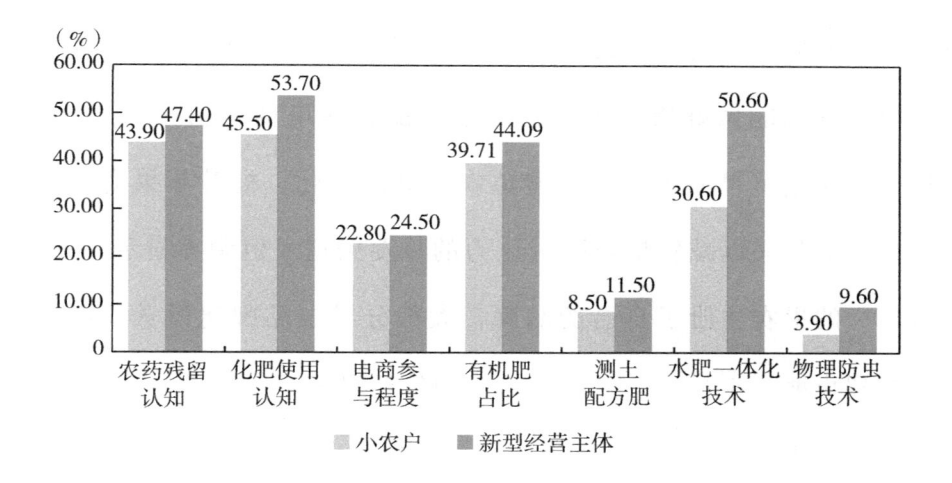

图5-6 小农户和新型农业经营主体电商参与行为和绿色生产行为对比

（三）品牌建设程度低

在电商这一新兴流通渠道下，农产品销售突破了区域局限，融入了全国市场，竞争激烈，甚至会出现上千家卖家同卖一类商品的情况。一方面，由于苹果的辨识度低，产品同质化严重，难以卖上高价；另一方面，由于区域土壤、气候差异悬殊、农业生产分散经营，以及农产品自然生长等，使农产品标准化程度低，这就容易出现因农产品品质与描述信息不一致，产生退货和赔偿的问题，绿色农产品难以识别且存在退换货风险，农民从绿色生产中获利难，进而影响了农民绿色生产转型的积极性。

在电商这一销售渠道下，区别于线下购物，线上购物消费者可以选择的同类购物网店有很多，而且消费者的购买经验会在其中发挥重要作用。消费者如果在一次购物中获得了良好的购物体验，下一次购物会倾向选择同一家的商品购买，具有一定的消费黏性；如果消费者在购买过程中获得了不好的消费体验，在下次购物时就会从其他网店进行购买。如何保证自家苹果能与其他网店的苹果有所区分，并且能做好质量把控，是果农能否从电商运营中获利的关键。而塑造苹果品牌便成为避免农产品同质化，提升苹果竞争力，把控产品品质以减轻果农赔付压力的重要渠道。但调查显示，只有2.60%的果农注册了自己的品牌，大部分果农品牌建设意识淡薄，品牌建设能力不足，仍停留在低价销售初级农产品阶段，产品同质化严重，难以从电商发展中获利，进而打击了果农绿色生产的积极性。

（四）苹果种植规模小且分散

苹果种植规模较小，难以适应电商市场对产品规模化、标准化的要求。农村电商发展要求产品供应批量化，产品品质一致化，但是目前苹果种植规模小、品类多，经营分散，标准难统一，无法满足电商市场规模化、标准化的需求。既不利于在电商销售市场中占有竞争优势，又加大了对苹果品质监督检测的成本和处理售后赔付的压力。此外，农地经营规模扩大，有助于降低采用绿色生产技术的单位面积成本，提高资源利用率，进而推动农业生产绿色化转型。但事实上，在调研样本区域内红富士苹果种植规模在10亩以内（含）的占48.85%，10—15亩的占27.21%，15—20亩的占12.13%，20亩及以上的占11.80%。整体来看，红富士苹果的种植规模主要集中在10亩以内（含），种植规模普遍较小。平均每块地的面积为4.34亩，而这种小而分散的生产情况既无法满足电商市场规模化、标准化的需求，也加大了果农绿色生产的成本，农民很难从电商发展中获利，进而打击了果农绿色生产的积极性。①

（五）苹果种植受自然灾害影响大

苹果供货的稳定性是影响收益稳定的关键，而农户能否从农业绿色生产中获得稳定的收益，是决定其是否绿色生产的重要考量。事实上，在电商这一销售渠道下，消费者可以选择的同类购物网店

---

① 相关数据均来自课题组在2023年8—11月的调研成果。

虽然有很多，但是消费者如果在一次购物中获得了良好的购物体验，下一次购物会倾向选择购买同一家商品，具有一定的消费黏性。这就要求产品的供应应该具有一定的稳定性，如果在一次购物中消费者未能获得良好的购物体验，就会到其他家购买，形成对其他网店的消费黏性。因此对于网店而言，保证产品供应的稳定性和充足性是其盈利的关键。然而，苹果种植具有较高的暴露度和较强的脆弱性，易受到花果期霜冻灾害的影响，冻害年份轻则减产，重则绝收，在调研样本区域，有将近一半的人在2022年种植的苹果有受灾情况。其中，超过1/4的农户在2022年受灾面积超过了一半，这不仅会导致网店供货不稳定，而且极端低温事件发生的随机性和不确定性，可能导致果农前期的投入难以获得相应的回报，严重降低了果农绿色生产的积极性。在采用新的绿色生产技术方面，将近2/3果农的风险态度偏向风险规避和风险中立。需要引起重视的是，尽管苹果种植受灾比例大且后果严重，但果农购买保险的意愿不强。71.70%的农户没有购买苹果保险，17.60%的人不了解保险的作用，46.70%的人认为购买保险没有用。可见，尽管运城地区苹果受灾随机性大，但农户依然没有选择通过购买保险的方式来减轻自然灾害带来的经济收益损失，这与当地的保险结构不合理及赔偿比率低都有关系，果农很难从保险中得到相应的保障，从而导致果农的风险态度较为消极，降低了果农采用绿色生产技术的积极性。①

---

① 相关数据均来自课题组在2023年8—11月的调研成果。

（六）农村电商难以对有公共品属性的绿色生产行为产生影响

在苹果种植过程中会产生农业残余垃圾，具体包括农药化肥包装废弃物、反光膜和苹果袋等。农药包装物上残留的农药若不及时处理则会渗透到土壤里，进而危及土壤乃至果树，而且也会对苹果种植整体生态环境产生影响。而反光膜和部分苹果袋的随意丢弃，会产生白色垃圾，影响土壤质量，进而对苹果的品质和整体生态环境产生影响。由于农余垃圾的处理具有一定的外部性，而且其对土壤乃至苹果品质的影响往往需要较长时间才能察觉，参与电商销售的果农对农余垃圾处理的积极性不高。数据显示（见表5-2），电商参与无法对农药包装处理方式、反光膜处理方式及苹果袋处理方式产生影响。可见，电商参与对绿色生产行为的影响是有局限性的。通过调查发现，电商参与只对见效快的绿色生产行为有影响，而对见效慢且具有公共品属性的农业残余垃圾的处理没有影响，农业残余垃圾的处理离不开政府作用的发挥。因而，我们在肯定农村电商发展对农业生产绿色化转型具有积极作用的同时，不可过分夸大电商的作用，更不能忽略政府在农业生产绿色化转型过程中的重要作用。

五 推进电商参与以促进农业生产绿色化转型的政策建议

本章结合山西省运城市临猗、万荣两县的苹果种植绿色化转型的实践案例和问卷数据，分析电商参与对果农绿色生产行为的影响。一方面，电商参与通过优质优价机制、监督检测机制和售后反馈机制，促进苹果种植绿色化转型；另一方面，电商参与过程中苹果种植绿色化转型仍面临小农户参与电商的能力不足、新型经营主体对小农户的引领作用弱、苹果品牌建设程度低、苹果种植规模小且分散、苹果生产受自然灾害影响大，以及农村电商难以对有公共品属性的绿色生产行为产生影响等方面的发展困境，为了发挥农村电商在农业生产绿色化转型过程中的积极作用，本部分提出如下几个方面的对策建议。

（一）加强小农户数字能力建设，提升小农户的电商参与水平

加强小农户数字能力建设是提升小农户电商参与水平的重要前提。一方面需要以教育培训的方式来提高果农的电商参与能力；另一方面应该鼓励家庭内部的"文化反哺"和角色分工，在代际互动中，让有数字知识的年轻一代帮助数字弱势群体，使其更好地融入现代社会。需要注意的是，电商参与程度低除了与农户的数字素养有关，还与农户的社会关系网络有关，而要提高电商参与程度，需要鼓励不同农户之间的人脉资源整合，县级政府应该发动外地乡绅帮助宣传、销售家乡苹果。

（二）鼓励新型农业经营主体发挥引领作用，提高小农户的组织化程度

发挥新型经营主体在电商参与过程中对小农户的引领作用，以提高小农户的组织化程度，是推动苹果种植绿色化转型的重要方向。政府应通过政策倾斜、经济利益链接等方式鼓励新型经营主体与社员建立紧密的联系，为社员提供农业技术指导、农业生产社会化服务、农资购买优惠及农产品线上销售或者代销售服务。并且鼓励新型经营主体与小农户通过签订书面契约等形式，建立紧密的合作关系，使小农户的生产纳入新型经营主体的监督体系中，以引领小农户生产与电商平台对接，生产出符合电商市场需求的绿色产品，这是促进果农建立订单化、标准化的生产体系，提升果农在电商市场中议价能力的重要方式。

（三）鼓励品牌建设，提高绿色农产品的市场竞争力

鼓励果农积极建设农产品品牌，在竞争激烈的电商市场环境下显得尤为重要。政府一方面应该充分利用电视、报纸、网站、农业科技培训、农业技术示范推广等活动，宣传农产品品牌的重要性，以提高果农品牌培育意识，合力推进品牌创建，进而提高苹果在电商市场上的辨识度；另一方面，政府应该深入实施品牌带动战略，通过农产品认证奖补等方式，大力支持品牌的创建、营销促销和宣传推介等工作，并且通过设定相应的资金奖励，引导果农积极建立品牌。而且，要强化新型经营主体的示范带动作用，鼓励以"新型

经营主体+小农户"的模式，带动小农户建立苹果品牌。此外，在品牌设立过程中应该立足山西省运城市历史文化特色，把关公精神、名人历史故事融入水果品牌宣传中，提升果品的文化内涵和经济附加值。需要注意的是，在品牌建立之后，如何维系品牌形象，需要政府通过具体的奖励措施，对于采用绿色生产方式把控产品质量和维系产品品牌形象的生产者，给予合理的奖励。

（四）扩大农地经营规模，降低绿色生产成本

适当扩大农地连片经营规模，提高农地的连片经营程度，改变农地细碎化的现状，是提高果农绿色生产效益的重要条件。一方面，政府应该按照"三权"分置政策，推进产权制度改革，进一步助推农地市场发育，扩大农户经营规模；另一方面，政府应以政策引导为基础、以农户自愿为原则，摒弃农地"肥瘦"搭配和远近搭配的原则，以互换等形式扩大农户地块规模，进而提高农户绿色生产的效率，降低绿色生产成本。

（五）完善苹果保险和防灾基础设施建设，保障农户收益的稳定性

减少苹果种植受极端天气影响的概率，保障果农收益的稳定性，是促进果农采用绿色生产方式的重要前提。为此，政府部门一方面应该通过补贴等形式引导果农应用防爆网等防灾工具，降低苹果受自然灾害影响的概率；另一方面，政府部门应该通过培训、试点和

补贴等形式，引导小农户形成对保险的正确认识，在适当提高赔偿金额的基础上，鼓励地方积极探索出适合本地区的保险模式。此外，政府应该加大对采用绿色生产技术的农户的金融支持力度，通过创新金融扶持政策，发挥银行、风险投资平台、资本市场对果农的支持作用，扩大贷款范围，打造良好的融资环境，努力提升苹果种植户应对气候变化的能力。

第六章 农村电商发展对乡村治理的影响

"乡村治,则百姓安",促进乡村治理有效是实现乡村振兴和国家治理能力现代化的重要内容。近年来,"互联网+商业"的电商模式作为一种新兴业态迅速崛起,带动了农村市场经济层面的迅速变革,但也不可避免地面临与传统乡村及村落文化相适应的问题,这便对乡村社会治理的有效性提出了更高要求。本章在文献研究和实地调研经验的基础上,试图探讨农村电商发展影响乡村治理的模式和作用机制,并认真梳理总结农村电商促进乡村治理进一步发展的建议,以期为破解乡村社会治理困局提供现实范例。

一 引言

改革开放以来,伴随中国经济社会的迅速发展,中国农业结构发生变化,农户群体逐渐开始分化(黄祖辉、俞宁,2010),农村空心化、农民老龄化、农业兼业化趋势日益明显,乡村社会事务日趋繁多。治理理念不明确、治理主体缺位、治理方式不完善、治理机制不健全（沈费伟、袁欢，2020），上级行政力量与社会自治力量融合不够（黄博，2021），农民与村集体联系弱化、农村公共产品供给缺乏村集体经济支撑等结构性困境（俞可平，2001；贺雪峰，2023；张连刚等，2023）日趋显现，已成为中国实施乡村振兴战略的突出短板和薄弱环节，亟须建立适应现代社会的治理体系（王亚华、李星光，2022）。为摆脱中国乡村治理的困境，中央政府围绕"促进乡村治理主体多元化""激发基层自治活力"等重要现实问题，相继提出一系列乡村治理的政策主张（张连刚等，2023），为实现乡村治理提质增效指明了方向。

随着人类社会进入数字时代，以移动互联网、云计算、大数据、人工智能为代表的数字技术蓬勃兴起，不断催生出新模式、新产品和新业态（王亚华、李星光，2022）。近年来，农村电商作为一种新兴业态迅速崛起，关于农村电商的讨论越来越多。围绕"农村电商是什么？"学者展开了广泛探讨。农村电商通常被视为以信息技术为基础的商业模式在农村发展中的具体应用（曾亿武等，2016；崔凯、冯献，2018），包括农业生产管理、农产品网络营销、物流冷链等活动（刘静娴、沈文星，2018）。随着"数商兴农"工程的持续推进，数字元素的嵌入改变了农村的生产、生活方式。2023年，中国农村网络零售额达2.49万亿元，占全国网络零售总额的16.15%，同比增长14.75%。其中，农产品网络销售额0.59万亿元，同比增长11.32%（网经社，2024）。2023年，快手三农兴趣用户数量超过3.3亿人，"三农"万粉创作者人均年收入超过3万元，其中电商直播是最重要的变现手段（快手三农、快手大数据研究院、农民日报新媒体，2023）。农村电商的进入，为改善乡村治理体系和提升乡村治理能力创造了前所未有的机遇。

随着农村电商实践的纵深发展，农村电商在降低农产品交易成本、创新农产品交易方式、缓解农产品流通难题、解决农产品"卖难问题"、助力农户家庭增收（展进涛等，2024）、推进农村减贫脱贫（李辉秋等，2021）、推动乡村产业升级（徐东亮，2022）、改善公共服务体系（聂召英、王伊欢，2021）等方面发挥着越来越重要的积极作用，并受到学者的广泛关注。农村电商在改善农村居民家庭的生活质量和农村社会面貌的同时，也不可避免地促使乡村治理呈现出新特点、新问题和新趋势。农村电商的发展与有效乡村治理有着紧密的联系，从已有的文献梳理来看，目前无论是涉及定性还是定量的文献，普遍集中于单独研究农村电商与乡村治理，或影响农村电商发展的因素和农村电商的作用。有限的讨论主要集中在经验层面，探究农村电商发展是否驱动乡村内外部多元治理主体重构（陈芳芳等，2016），促进治理创新和治理改善（傅晋华，2021）。农村电商发展与乡村善治形成的时代特征和现实趋向等问题还需进一步厘清、识别和关注。

二 农村电商促进乡村善治的基本逻辑与实践经验

在当代中国经济社会转型过程中，中国乡村治理面临着诸如治理主体单一、村民主体意识认知模糊、参与权利虚化、缺乏参与乡村公共事务的热情和能力等多重困境。数字技术的发展重塑了乡村治理的时代特征（王亚华、李星光，2022），农村电商的发展在重构乡村经济结构的同时，也为推进乡村治理体系和治理能力现代化创造了新机遇。

（一）优化村干部队伍结构

在促进农村事业发展的过程中，村干部队伍的建设是不可忽略的重要因素。现如今，中国乡村干部队伍普遍存在性别结构失衡、年龄结构断层、知识文化有限、专业人才缺乏、专职化程度不高、自我提升意识不强、带头致富能力不足等问题，对农村公共事务管理和乡村治理产生消极影响。中国乡村振兴综合调查数据库（CRRS）的数据显示，受访的村干部中，男性居多，占村干部样本总数的93.52%。村干部年龄集中在40—55岁，此年龄段的村干部占比为58.31%。村干部学历普遍不高，以高中或大专学历居多，占村干部样本总数的64.62%。因此，如何优化村干部队伍结构，提高基层治理能力和效率，是乡村治理现代化面临的重大问题。

在乡村治理迈向现代化的进程中，农村电商的蓬勃发展促进乡村治理的"向心力"逐渐增强，也对村干部队伍的建设提出了更高的要求。目前，村干部队伍正在经历性别更替和年龄优化，知识化提升的发展趋势日益明显，村干部队伍整体素质显著提高。

1. 性别更替

当前，越来越多的男性在外务工、经商，妇女已成为经济社会建设特别是新农村建设的主力军,她们在发展社会经济、承担家庭责任、繁荣文化生活、维护社会稳定等方面发挥着重要作用。长期以来,女性参与乡村治理、担任村干部的比例很低(刘筱红、陈琼,2005),且难以参与实质性的村庄决策(董江爱、赵永霞,2015)。随着基层民主政治建设的日益完善,农村妇女逐渐走上民主管理、政治参与的舞台,女村干部已成为妇女参与民主政治建设的代表群体。女村干部在优化村级班子结构、提高班子凝聚力上体现了"半边天"优势,在促进农村经济发展、带领农民致富中发挥了"排头兵"作用,在推进村风乡风文明、促进农村和谐稳定等方面成效显著。

伴随农村互联网基础设施建设的完善,女性群体使用社交媒体快速普及,因结婚生育而在农村选择非正式就业的年轻女性群体,从事社交微商相关行业,增加家庭收入(张虹,2021)。随着女性能力的增强和家庭地位的提升,农村女性当选村干部的态度越来越积极,村干部队伍出现了"男青年退出、女青年进入"的性别更替现象(魏程琳,2023)。近年来,湖南省娄底市所有村委会班子成员中女性比例达33.8%;在皖南地区,农村女青年在村"两委"成员中所占比例超过40%,已然成为乡村治理现代化的主力。

2. 年龄优化

随着工业化、城镇化进程加快,农村青壮年外出务工创业人数增加,农村呈现空心化、老龄化、妇孺化的现象,也造成了村干部队伍青黄不接、后继乏人的现实问题。同时,在由"长老统治"权威主导的传统乡村政治体系中,青年鲜有机会进入村庄政治中心。许多农村青年对于乡村社会各项事务有着较高的参与意愿、责任心和权利意识，对于家乡也有较为强烈的归属感，但仍然存在全面参与程度不足、参与事务类型单一、信息获取不及时、参与渠道不畅通、专业程度低等问题（河南省人民政府，2021），村干部后备队伍匮乏。部分村的村干部已经连任了好几届，有的村则将已经退休的老干部重新返聘（庄彩云、文革，2021）。农村电商的快速发展，不仅拉近了农民与市场的距离，让农村各类产品卖得更远、卖得更好，还带动了农村就地创业就业，激发了农村青年的创业热情。2023年《短视频直播机构中新青年群体就业情况调查报告》数据显示，短视频和直播电商领域从业人员缺口从2021年的181万人增加到2023年的574万人，增速达到217.1%。其中，年龄段在20—30岁、拥有大专（高职）及以上学历的年轻人，已成为短视频直播机构员工的核心构成部分，过半数短视频直播机构聘用年轻人数量占比超过50%（快手，2023）。CRRS数据库的数据显示，在2022年的受访村干部中，年龄结构年轻化趋向明显。其中，年龄为40岁以下的人数较2020年同比增长36.17%，年龄为50岁以下的人数较2020年同比增长17.16%。

3. 知识化提升

随着基层治理面临的问题愈加复杂化、专业化，原有的干部群体的专业化水平已经较难适应新形势（汤蓉、林勇，2023）。村干部能力素质和学历水平的高低对农村经济社会发展至关重要，随着推动农村电商高质量发展的政策意见相继出台，较高知识水平的村干部对促进农村电商发展具有较强动力，对于电商政策具有较强的敏感度和落实意愿。CRRS数据库的数据显示，村干部高中或大专学历的人数，同比增长 18.54%。本科或研究生学历的人数，同比增长 61.54%。与其他行业人士相比，如果本村干部同时也是电商相关的从业人员，那么其行业"局内人"的身份，更能赋予村干部积极投入农村电商发展的内生动力。

4. 典型案例

海南省澄迈县大丰镇才存社区的一些老人讲，十多年前，才存村因交通闭塞，村民大多外出务工，缺产业、缺人才等问题一直限制着村庄的发展。适逢澄迈县大力实施人才驱动发展战略，积极扶持各类人才返乡创业，才存社区党支部的目光"盯"上了村里的大学生。徐取俊作为其中一员，是 2002 年村里第一个考到北京的大学生。他毕业之后在广东工作了四年，经常去广东本地的一些休闲农庄，对休闲农庄有了比较深入的了解。2010 年，他毅然放弃广州待遇优厚的工作，踌躇满志回乡创业，创办澄迈才存益民畜牧养殖专业合作社，一边摸索养殖技术，一边想法拓宽销路。苦熬的几年时光，徐取俊逐渐认识到，光靠单一的养殖业难以做大做强。2015 年，徐取俊紧紧把握乡村振兴战略的共享发展理念，在澄迈县大丰镇才存村修建了才存共享农庄。截至目前，才存共享农庄由最初的 14 人返乡创业大学生团队，[①] 先后吸引 25 名大学生参与返乡创业实践，招聘 40 余人主要参与食品加工、种植、农庄管理等工作，[②] 解

[①] 据调研资料，最初返乡创业的大学生团队中，3 人为本村大学生，其余均为本县或外地及省外的大学生。其中，研究生 2 人、本科生 5 人、大专生 5 人。

[②] 据调研资料，其中 25 名为本村村民，工资约 5000 元/月。其余为参与项目开发与运营的返乡大学生，包括法律、工程师、建筑设计等专业，担任技术与管理岗位，工资为 6000—8000 元/月。同时，共享农庄中仍会考虑聘用老弱病残参与一些他们力所能及的生产活动。

决了 50 多户家庭的就业问题。2021 年，在海南省澄迈县大丰镇才存社区进行的"两委"换届选举中，村民积极行使民主选举权，选举带领村民从事电商致富的徐取俊为才存社区党支部委员，并且在徐取俊的名片上多加了一行文字：才存社区党支部委员，主抓乡村振兴。2022 年，徐取俊当选海南省第七届人民代表大会代表，并积极为乡村振兴和返乡创业青年发声（南海网，2023）。

  实地调研发现，在乡村发展实践中成长起来的种养殖能手、返乡创业者、致富带头人等电商相关负责人大多是党员，并且优先考虑将电商能手纳入发展党员，参与村镇事务的商议与决策，该做法优化了村庄的党群建设队伍。海南省海口市琼山区甲子镇距海口市区较远，自身市场开拓能力、销售渠道和信息优势不足，使当地不少农特产品滞销，农户生产积极性不高。王传书是昌西村的一位普通农民，自 2008 年起四处打零工，奔走于周边村庄，性格外向的他，喜欢和村民拉家常，对周边村庄优质农产品的情况了如指掌。2019 年，昌西村电商服务站成立，由于王传书不仅能吃苦，还广交人脉，他接到了甲子镇"消费扶贫直通车"的新任务——负责寻找本地优质的农特产品，并通过各种渠道把农民手中的优质农产品卖出去，带领村民致富。作为"乡村买手"和"电商一哥"的王传书每天骑上电动车，揣上笔记本，走村串户逐个了解哪家有好产品、何时上市、产量多少，并通过微信群、电商平台等线上渠道帮助农民销售。由于王传书挑选的产品有过硬的品质，经过客户的口口相传树立了良好的口碑，销售产品的品种和数量逐渐增加。随着工作的深入，王传书"扫货"的范围从昌西村覆盖到甲子镇。如今甲子镇周边镇的村民也联系到王传书，希望通过他把自家的优质农产品卖出去。靠着自己的不断努力，现在王传书成为远近闻名的致富带头人，在村中有着较高的信任度，并获得昌西村两委干部的一致认可，被聘为昌西村特设岗位工作人员，协助村委会开展各项工作。除了在物质上脱离贫困，王传书在精神方面也有更高的追求。2019年5月，王传书递交了入党申请书，并参加入党积极分子培训班学习，目前已经入选为村后备干部人选（海南特区报，2020）。

（二）提高村干部服务意愿

村干部的服务意识关系到乡村治理的效果。由于缺乏社会资源的支持和正向激励，一些村干部仍存在缺乏工作动力、积极性不高、效率低下等问题（李勋华、何雄浪，2009），如果将村干部工作视为一种谋生手段，而非服务村民，将对乡村治理产生不利影响。农村电商在乡村社会中迅速渗透，有效推动了村干部队伍结构的优化。但仅依靠队伍结构的优化，仍无法打造高质量的村干部队伍，为了更好地稳定村干部队伍、提高村干部工作积极性，还需激发村干部为民服务的内生动力。

农产品没有销路是阻碍农民增收的原因之一，也是乡村治理的重点和痛点。国家扶持农村电商发展的最终目的始终是帮助农民将农产品销售出去，同时，帮助农民群众推销农产品也是村干部的职责所在。随着农村电商覆盖面的不断扩大，农村电商逐步形成对农产品生产和采购的标准化、集约化要求。同时，村民的主体意识和民主意识也在电商转型中逐渐被激活，而村干部如果不能立足农村实际，帮助农民推销农产品，将会失去农民对他们的认可和信任。

1. 提升经济实力，激活权力威望

从事农村电商致富的村干部，往往能够凭借自身在信息、技术、思想等方面的优势，敏锐捕捉到市场信号，在农村电商行业起步阶段率先投身其中。伴随自身经济实力和社会地位的提升，村干部的权力威望也随之提升。一方面，为了不断扩大自身在村内的影响力，获得村民的信任和赞同；另一方面，当电商行业在村庄当地实现规模化发展后，同质化经营和不正当竞争现象也随之出现。面对行业发展"瓶颈"，从事电商经营的村干部深刻意识到，个人利益的增进必须寄希望于行业的整体发展。他们往往能够自觉接受村干部职位赋予的角色期待，实现行业整体利益与个人利益的结合，主动承担起服务村民和推动农村发展的任务。

山东省菏泽市曹县大集镇丁楼村的村支书任庆生是这类村干部的典型代表。2010年，一直外出打工的任庆生在妻子的鼓动下，"触网"销售村内传统产业生产的影楼布景和服饰。在农村电商发展初期，进入网络市场的卖家并不多，在任庆生和妻子的用心经营下，网店生意规模不断扩大，年均销售额达到千万元以上。在这一过程中，"开网店""做淘宝"等字眼逐渐进入丁楼村村民的视野，吸引了越来越多的村民向电子商务转型。由于新接触电商事务的村民在经营经验、技巧等方面较为欠缺，每当有村民向任庆生咨询、请教时，任庆生都会热心地传授自己在电商行业多年积累的相关经验。"只要有人找他取经，他从来没有拒绝过，还把自己知道的都教给别人"，村民对其有着较高的信任度和评价（胡腾飞，

2022）。在2014年两委换届选举时，任庆生被全体村民推选为村党组织书记。在担任村党组织书记后，镇里铺路、村里挖下水道，他积极带头出工、出钱。面对村里的老年人、残障人士等，他积极提供就业的机会，解决其生产、销售等方面的许多问题。凡是他能帮到的，他都尽自己最大的努力去帮，将村干部为民服务的意愿落到实处。

2. 提升自发奉献意识，强化服务能力

由于农产品存在分布广而零散、品种多而杂、标准不统一等问题，长期以来，农民大多根据自己的意愿和能力独立地进行农业生产、经营和销售。近年来，农村市场中的电商平台为了满足消费者对产品质量和品质的要求，对农民提出了"统一环境质量、统一关键技术、统一规程标准、统一检测方法、统一产品标志"等要求。基于此，在村庄整体电商发展利益的驱使下，村干部为了将独立的农业生产主体纳入规模化生产的链条中，会表现出较强的个人工作能力，积极打造"带头致富与发展"的正面个人形象，在这个过程中激发了村干部自发的奉献意识和服务能力，促使村干部在履职尽责中，做到全心全意为农民办实事、解难事，关注农民获得感、关心农民幸福感、给予农民安全感。

在福建省武平县永平镇朝阳村，"兰支书，你在干吗？""兰支书，去哪里呀？"是我们常听到村民对村党组织书记兰鹏辉的亲切问候。他曾外出做过技术研发，干过电商，辗转创业却难有归属感。2017年，他回到武平，在朝阳村老支书的游说下开始参与村级事务管理，并在2021年11月朝阳村两委换届时当选村党组织书记、村委会主任。上任后，兰鹏辉在积极探索乡村振兴新思路的同时，发现了村里在种植技术上存在没有完整的供销链、销售方式不新颖等产业发展方面的短板。为此，他请专家来村里进行技术指导，召开党员大会，入户走访村民，动员村民积极调整种植结构，同时他亲自带领村两委班子前往各地学习种植技能。为了进一步打开朝阳村农产品销售渠道，他积极筹备建设"兰支书优选"电商中心，开通了名为"朝阳村兰支书"的抖音账号，利用新媒体平台直播助农。在致力村中产业发展的同时，兰鹏辉积极投身"美丽乡村"建设。他以"乡土、乡情、乡愁"为纽带，牵头组织成立朝阳村青年商会，会员、乡贤通过"奖学助学、扶危帮困、敬老爱老、产业投资"等渠道反哺家乡。他带头每月开展老年人生日会，发放助学资金，为留守老人与儿童带去温暖。"有朝阳的地方就有希望！"兰鹏辉总说，尽自己的责任，急群众之所需、解群众之所难，是他一直以来的初心，无论将来路有多远，都不会忘记。"路灯亮起来了，公园建起来了，文化活动中心也使用起来了，村庄变得整洁有序又充满欢声笑语。"村民都说，"兰鹏辉书记在工作上积极进取，在他的领导下，村里发生了很大变化，一是村容村貌变好了，二是他还丰富了村里老年人生活，对老年人、残疾人也都非常关爱，大家都非常支持他、拥护他"（广西新闻网，2024）。

3. 提升社会地位，获得群体认同

农村电商的发展在推动村干部队伍建设的同时，也推动人们的价值观念发生变化，致使传统亲属、邻里等亲密关系式微，由利益冲突引发的纠纷不断增多。然而，受制于"低头不见抬头见"的交往规范和落后的法治观念，村民往往不会诉诸法律手段，而是通过"中间人"这种比较柔和的方式化解矛盾。由于对冲突双方都较为熟识，同时经济实力和村干部的身份赋予这些电商能手较高的地位和话语权，他们常作为超越本土社会的第三方力量，以"调解者""平事人""中间人"的身份促进具体矛盾的处理或化解，在调解过程中获得村民的认同。

（三）培育农民契约精神

中国传统乡村是一个"熟悉的社会，没有陌生人的社会"（费孝通，2006）。在传统封闭性的村庄共同体中，村民之间多靠"礼俗"对社会成员的行为进行约束，很少靠法律制度的外在强制力维持秩序（梁漱溟，2011），不仅通过互助合作解决个体急难之事，还形成了依靠宗族或干部权威化解矛盾纠纷的伦理规范。这些规范具有强烈村庄内生性和约束监督性，伦理规范的"越轨者"将受到道德谴责，失去群体认同。法律及法律制度作用的弱化，对乡村社会发展和乡村治理等产生了不利影响。农村电商的创新发展，将法治契约精神导入农村管理过程中，促使"乡土中国"向"市场中国"转变，重构村民之间的合作互助、诚信、信任关系。

1. 遵守标准化生产契约

在现代经济学的理论构架中，利己主义的"经济人"是最基本的假设之一。在乡村的地方性限制下，农民的生产生活方式封闭性很强，虽然政府的扶持政策为农民提供了一定的保障，但村民会更多地发挥邻里乡亲团结互助精神。每到农忙时节，农民之间自发地互助合作，抢抓农时，提高耕种效率。在电商经济发展后，农民联合起来通过电商平台和社交微商形式，规模化地生产和销售农产品。在此过程中，家庭劳动力充裕的农户主动与劳动力少的农户合作，邻里间相互帮工，解决农作物种植时节的劳动力短缺问题。村里的"田秀才""土专家"传授种养经验并进行技术指导，帮助缺乏技术的农民搞好科技备耕，引导农民合理使用良种、化肥、农药，促进农业绿色发展。农机户主动出借耕田机等农机具，帮助缺牛、缺劳动力的农户翻耕土地。经营能手主动为农户提供技术帮扶、为特色农产品制订销售方案，帮助村民解决农产品滞销问题。资金充裕的农民帮助资金短缺的农户筹集资金，形成了互帮互助的农业生产场景。

2. 遵守绿色化生产契约

随着通过直播网络购买农产品的消费群体的不断增加，人们对农产品的绿色健康程度提出了更高的要求。直播等网络销售新业态涉及农产品的质量保障和食品安全等问题近年来受到高度关注。加强产品质量和安全监管，是各大直播电商在享受到高流量带来的红利的同时，需要对广大消费者承担的责任（董静怡，2024）。然而，传统的农产品销售方式存在信息不透明、流通环节多、价格不合理等问题，导致消费者对农产品的信任度下降。农户作为农业全产业链的上游个体，农产品绿色质量的源头在于农户，因此相较于传统的销售模式，在农村电商模式下，虽然农民的生产组织未发生变化，仍以一家一户的分散化生产为主，但在电商经营方式的推动下，农民需要遵守电商企业与平台对于产品质量和品质的要求，建立契约合作精神并制定合理的生产标准,这对农民的生产方式和生产过程均产生了一定的要求。有助于增强农户的规则、法治意识,保障农业绿色生产更加规范有序。

3. 契约遵守典型案例

调研发现,目前"直播带货"模式多数为"农民自主种植+主播带货",为了满足电商平台的要求,在荔枝的种植过程中,永丰村的村两委和村民根据当地的土质特点,严格把控荔枝的种植技术与化肥农药的使用。村委会每年聘请荔枝种植相关专家进村传授荔枝种植、管理技术,[①] 在规范化种植管理及专业化种植技术的双重助力下,果农按需严格把控农药喷洒的绿色标准,并在荔枝成熟之际,对荔枝进行清洗、挑选和分级,极大保障了荔枝的质量,降低了农药残留带来的食品安全风险,在村民内部形成了遵守规则的法治意识。

2018年,昌西村村"两委"和乡村振兴驻村工作队[②]发起"夜校+消费扶贫集市""消费扶贫直通车""社区团长""乡村买手"等助农增收创新模式(海口日报,2021),以"政府+工作队+结对帮扶单位"打通销售渠道,积极对接"长期供应+灵活订单"。农产品的"集市"销售方式吸引了众多城市消费者前来品尝与购买,不少购买者与农户在现场达成批量订购意向。城市消费者往往关注农产品的品相、健康、营养等方面。作为"社区团长"和"乡村买

---

① 据调研资料,技术人员每年下村8次进行指导。
② 据调研资料,乡村振兴工作队,1村3人(分别属于省派、市派和镇派),其中队长1名、队员2名。自2018年开始,驻村约每月22天。

手"的电商能手,在向贫困户和监测户收购农产品的过程中,也会对农产品进行挑选与分级。在村民共同利益的驱使下,逐渐形成了统一的生产标准和收购规则。为避免消费者差评对整个"土味产业链"的影响,昌西村村民严格把控农产品的种植和生产环节,实现了标准化和规模化生产。同时,在农产品的种植和生产过程中,农户还需要遵守时间契约,与集市订单或电商能手约定收购时间并提供符合质量要求的农副产品。特别是针对具有特色品牌产品的村庄,村民之间的利益密切相关,他们不仅在生产上合作互助,而且也互相督促以提升产品的质量。形成了村庄内、社区内共同遵守规矩的集体意识。

在传统的乡村社会,普通村民缺乏寻求生存保障和改善家庭生活困境的机会,需要依靠村干部和精英乡贤的帮扶。在宁夏张村寻求蔬菜销路的过程中,村干部一方面利用其公共身份积极联系县供销社;另一方面利用其私人关系主动和外省企业联系,帮助村民解决蔬菜销售难题,并减少单个农户在面对市场时不确定性的风险。虽然围绕蔬菜销售和价格问题,村民和村干部之间仍然存在诸多争论,但基于现实的经济利益,村民非常依赖村干部(梁振华等,2013)。同时,在调研的过程中也发现,"助农直播"是促进乡村经济发展的重要环节,直播带货的迅速火爆也正成为时下农产品销售最热门且最有效率的手段之一(徐智邦等,2017)。随着海南对农村电商的大力支持,文昌市东路镇永丰村以此为契机,扶持本土电商,在荔枝成熟季节,村干部和工作队利用"村委会+电商"的运营模式，邀请本土人才——"土味主播"周华龙①通过"互联网+直播"方式销售永丰村的荔枝。改变了一到荔枝成熟季节，村干部邀请收购商进村收购的传统局面。

4. 村民独立自主性增强

农村电商的快速发展推动了乡村集体经济的复苏，放松了受教育程度对村民创业的约束（王金杰、李启航，2017），大学毕业生和新生代外出务工人员返乡创业，不仅带回了资金、技术和市场信息，更带回了城市现代文明和现代消费观念、思维方式、生活方式（曹明贵，2008）等城市文明意识。村民的利益主体意识和权利主体意识在此环境下迅速觉醒，在经济利益的驱使下，农民开始主动地参与到乡村治理事务中，农民逐渐回归到乡村治理的主体地位。当村民与集体之间出现利益冲突时，村民学会运用法律知识保护自己，这对村干部的行为提出了严峻考验，对村干部的服务工作产生约束。面对"不作为"的村干部，村民可以自行通过直播网络销售和社交微圈等方式销售自家的农产品，并对村干部的不规范行为提出批评。村民对村干部和精英乡贤帮助销售农产品的依赖作用逐渐减弱，村民的自主独立性逐渐增强。同样，在经济效益的作用下，如果失去了村民的依附，村委会逐渐转变其过去"消极"的乡村治理逻辑，村庄治理事务也从传统的包括组织灌溉、自卫、调解纠纷、互援、娱乐和宗族活动等，转向提供促进电商发展的相关服

---

① 据调研资料，周华龙大学毕业后返乡创业，以"主播+货源"的模式共享资源，在每年荔枝成熟季节邀请众多网红前来"文昌市热带国度专业合作社"参与荔枝的收果、打包、速冻、装运等直播过程，打造一条较为完整的电商直播供应链。

务，推动村民和村干部之间形成"互相竞争、互助合作、互相监督"的局面。

（四）改善家庭内部关系

伴随社会流动与村庄分化，在经济利益支配下，大量农民离开农村涌入城市务工就业，寻找和扩大获利空间。中壮年人群和乡贤精英人士大量外流，传统的"熟人治村"和"能人治村"模式逐渐消失，致使乡村凋零、农村留守儿童、空巢老人、"村"与"民"纽带淡化等一系列社会问题相伴而生，并引发农民家庭的深刻变革（杜鹏，2022）。农村电商产业快速发展，实现了村庄内部的产业辐射和行业集聚，吸引了资金、技术、人才等有利资源向乡村回流，为年轻人提供了返乡创业的新机遇。既为村民提供了满足自身经济利益追求的在地化获利空间，又满足了村民对乡土依恋和照顾家庭的现实需要，"空心村"、留守老人、妇女、儿童等社会问题逐渐消解。

农村家庭是乡村社会关系的基本单位，也是诸多社会矛盾的起点，从家庭开始构建社会治理体系，可以稳固社会治理的基础。农村电商的发展通过带动创业就业，扩大了乡村就业容量。阿里巴巴统计报告，仅淘宝村和淘宝镇就创造了近828万个就业机会，平均每个网店直接带动3人就业（阿里研究院，2020）。拼多多发布的《2021新新农人成长报告》也显示，平均每个"新农人"带动就业岗位超过50个。截至2023年，中国农村网商、网店数量达到约1885.1万家。电商发展为年轻人提供了返乡创业新机遇的同时，也导致家庭内部产生了新的代际分工，改善了家庭内部的夫妻关系、长幼关系，促进了家户依据自身优势参与村庄治理，打通了家户能量转换为村庄治理要素的通道，推动了乡村内部利益结构的解体与重组。乡村社会呈现村民生活富裕、邻里守望相助的和谐局面，为实现乡村善治提供了可能。

1. 改善夫妻关系

传统的家庭"性别分工"观念一直影响着中国妇女在家庭和社会中的地位，也使很多妇女面临家庭和事业之间的博弈难题。随着数字经济发展，在各类电商、平台服务、社群经济等数字经济领域，创造了超过5700万个女性就业机会（阿里研究院、中国就业形态研究中心课题组，2022）。电商平台的开放性、自生长性和社会化分工体系，降低了女性创业和获取资源的门槛，使创业机会更加均等化（尹志超等，2019）。同时，电商行业不局限于体力和时空束缚，极大提升了农村女性的劳动参与水平，使她们能够获得独立收入，在家庭中不再处于"男主女从、男强女弱、男外女内"的从属地位。

互联网下沉带来的数字就业下沉，因有利于发挥女性优势，让越来越多农村女性在家门口就业。人力资源社会保障部2020年灵活就业从业者调研数据显示，2020年中国新就业形态中，女性从业者占比为32.7%。华东师范大学和阿里研究院发布的《2021年中国农村女性就业调研报告》显示，蚂蚁云客服招募及培训的在线云客服、人工智能训练师、村淘直播主播中女性占比分别为72.0%、62.3%和53.0%。随着女性的经济独立和家庭地位提高，人也自信了起来。《2021年中国农村女性就业调研报告》的调查数据显示：33.3%的受访女性认为跟过去几年相比，自己的家庭地位明显提升；36.8%的受访女性认为自己的家庭地位有改善。调研团队面访的50余名女性都表示，丈夫、婆婆对自己的工作很满意，还很乐于在外面夸媳妇能力强。报告数据还显示，在导致女性家庭地位变化的诸多因素中，超七成受访者认为自己家庭地位有所提升，背后的原因主要是"自己有工作，能赚钱了"，农村女性变得更自信、积极。这一改变还会直接影响到她们对待孩子的态度和耐心程度。已有研究显示，从事第三产业的农村女性，其子女的受教育程度要高于从事第一产业女性子女的受教育程度。因为前者更能意识到教育的重要性，从而加大对子女的教育投入。

2. 改善长幼关系

数字乡村建设是当前农村发展的重要一环，农村留守老人如何跨越数字鸿沟并有效参与其中，是当下亟须解决的重点问题之一。在农村电商发展以前，农村的青壮年劳动力大多选择外出务工，留有年幼子女和年迈父母在家务农。伴随农村互联网基础设施建设的完善，农村电商的发展改变了"年轻人进城打工，老人孩子留守种田"的传统模式，年轻人借助互联网，经营销售家乡土特产的网络店铺，家庭内的老人则可从事种植、分拣、包装甚至直播带货等相关工作。2021年6月，弘德电商中心成立，建立了老年直播团队。因为对体力要求不高，留守老人可以力所能及地参与务工补贴家用。老人每天有30元的收入，未来还将按照直播卖货的利润发绩效工资。他们中年龄最大的是78岁，最小的56岁。"年纪大了，出门打工没有合适的地方，一天天坐在家里和老头子干瞪眼，能有个啥可干的？"64岁的荀金花因儿女都在外地工作，家里只有自己和老伴儿两人，虽然并不愁吃穿，但没事做就觉得浑身不得劲儿。而对于郑耀明老人来说，当"网红"让他生活更有了底气，"不用问子女要钱花，自己挣的钱还能给外孙子买好吃的。虽然现在老了，但咱腰杆子还硬得很呢！"老人们不仅有事可做，还有满满的幸福感和获得感（人民网—宁夏频道，2021）。

随着农村电商行业的集聚和规模扩大，电商模式调整了家庭内部的代际分工，家庭权威结构也发生相应的转变。农村传统的"长辈式权威"在从事电商相关的产品种植、分拣包装等工作中依然维持。同时，年轻一代的电商经营管理优势，提升了其家庭决策话语权的地位，形成了一种新型良性互动的"二元式"家庭氛围，促进了子女入学、修房盖房、买房买车、投资理财等重要家庭事项协商的民主化（田芊伊、鲁小艳，2024）。

3. 提升村民主动性

提升村民参与村务的主动性与参与能力是实现善治的首要前提（王妍、兰亚春，2015），随着电商经营的利益观念不断向乡村渗透，传统村社成员越来越重视自身和家庭的利益增进和维护，"从家而始、由内而外"建立家户治理能力的培育机制，夯实社会治理微基础。CRRS数据库显示，2019年，约96.48%的农户自愿参与修路、维护集体水利工程设施等活动。2021年，约95.93%的农户自愿参与社区（村）的选举活动、重大事项决议、公益事业活动、精神文明建设活动、纠纷调解等。村民的利益主体意识和权利主体意识被唤醒，农民主动参与乡村治理的积极性得到提高，纵向治理体系末梢的治理力量得以充实。

三 结论与建议

"互联网+商业"的电商模式作为一种新兴业态，自进入乡村以来，已渗透到农村社会的方方面面，正深刻地影响着中国农村经济的发展方式和农民生产生活方式。农村电商拓宽了农民获取信息和资源的渠道，推动了农业生产方式的创新，提升了农产品的附加值，促使乡村劳动力就业和人口布局发生了新的变化，对乡村经济社会的传统生活生产结构产生了重大影响，并对乡村治理的有效性提出了更高要求。

如何实现"乡村治理有效"，是目前"互联网+"新技术和乡村要素结合下所面临的新问题和新挑战。以上农村电商在村干部队伍结构、村干部服务意愿、农民的契约精神、家庭内部关系等多方面的积极作用，是以典型村庄和案例为代表的"乡村+电商"可持续发展模式，是在实际经营活动中积极探索和反复试错的结果。立足农村电商对农业生产生活和乡村社会治理产生的积极影响，本章提出以下几个方面的政策建议。

第一，加强农村基础设施建设，解决农村电商发展的不足。农村电商能够进入乡村，并发挥相应的积极作用，需要村庄具备道路、电力、信息网络等一系列硬件基础设施。因此，推进农村电商发展，需完善农村地区特别是偏远山区相关基础设施建设。加强交通运输、农资供销、商贸流通等与农村电商、快递企业相关的农村物流服务网络和设施的共享衔接。

第二，加强对村干部的激励。由于缺乏社会性资源的支持和正向激励，一些村干部仍存在工作动力缺乏、积极性不高、效率低下等实际问题。应制定相关激励机制，有效推动村干部队伍的高质量发展和结构优化。通过示范平台积极引导各类媒体加大对村干部良好做法的宣传力度，发掘典型案例，推广成功经验，以提高村干部工作的积极性，激发村干部为民服务的内生动力。

第三，提升农民主体性力量，调动返乡高校毕业生、返乡青年和农民工、大学生村干部、农村青年、巾帼致富带头人、退伍军人等回归农村、参与农村电商、建设美丽农村的积极性。唤醒村民的利益主体意识和权利主体意识，促使纵向治理体系末梢的治理力量得到充实。

同时，在市场渐趋饱和的情况下，农村电商的前景还面临很大的不确定性，诸多难题亟待解决，其对乡村治理积极作用的发挥仍需要注意以下问题。

第一，电商企业在乡村治理中发挥积极作用的同时，也需要警惕"富人治村""村企合一"等治理模式的无序发展，避免引致村庄对电商企业控股人个体的直接依附，村民对企业所有者个人的间接依附（焦长权、周飞舟，2016）。防止村干部受经济利益驱动，将个人利益凌驾于公共利益之上，从而对乡村治理产生不利影响。

第二，近年来，不少农户通过网店直接销售农产品，但受制于文化水平过低和创新意识不足，农民难以及时捕捉和回应市场需求。与此同时，新的市场领域往往因缺乏规制而产生混乱，在市场监管不严的情况下，村民间诸如"刷单"、偷工减料、打"价格战"、抢占市场等不正当竞争的情形极易产生，原有的集体主义至上、邻里无偿换工互帮互助等观念日渐弱化，农村电商诚信建设仍需持续关注。

第三，随着中国经济的快速发展和农业农村发展的转型升级，大批农民已经从务工就业加入了创业的队伍（杨子砚、文峰，2020）。大量村民返乡创业、参与乡村建设，乡村经济得以繁荣发展，村民收入得到显著提高，但农村社会文化未能得到及时发展。农村社会文化发展滞后性与农民在乡村治理过程中主体性的缺失，对农村社会文化建设提出了新要求。

第七章 互联网企业对乡村发展的积极影响
——基于村淘网的实证研究

互联网进入乡村,将从根本上改变城乡资源配置格局,真正推动资源下乡,将农业生产与统一市场精准对接起来,改变了传统的农业生产形态。本章通过对村淘网的实证研究,了解互联网企业对农村生产和生活结构的影响,进而探讨如何为农村互联网企业建构相应的公共政策体系。

一 农村淘宝:互联网企业影响农村发展的典型案例

阿里巴巴农村淘宝(以下简称"村淘")成立于2014年,是为了配合阿里巴巴在这一年提出的乡村战略而成立的事业部。阿里巴巴已经将乡村战略和全球化、高科技(大数据和云计算)一起列为其未来20年三大核心战略。"村淘"的目的是服务农民、创新农业，让农村生活更美好。其主要工作体现在两个方面：网货下乡和农产品进城。网货主要是指品牌商的品质、正品好货。农产品既包括农业作物，也包括特色小商品。为此，"村淘"成立以来，一直没有盈利关键绩效指标（Key Performance Indicator，KPI）。在过去的5年中，"村淘"搭建了一条城乡双通道：一个工业品下行的商品流通体系，以及一个农特产品上行的直供直销新链路。在工业品下行方面，主打的是天猫优品的品牌。在农特产品上行方面，主打的是淘乡甜的品牌。这些网点主要分成四类：县级行政区里的天猫优品电器体验店、乡镇里的天猫优品电器合作店、乡镇里的天猫优品服务站、村里的农村淘宝服务站。它们覆盖全国29个省份的3万多个村点，且大多分布在乡村一线。综合来看，以"村淘"为代表的互联网企业对农村发展的影响主要体现在以下几个方面。

（一）合理配置城乡要素

如上所述，"流空间"理论提供了信息网络与地理空间相互影响的研究视角。作为信息网络与地理空间融合的产物，"流空间"通过纯粹的信息渠道承载了复杂的社会、经济、文化与政治"能量"。任何一处拥有信息渠道的地理空间节点，都会受到外部"流空间"的作用，又会溢出经过自身加工的"流空间"进而对外部产生影响。虽然信息渠道会因本身的瞬时性使得地理摩擦接近于零，但信息渠道所附着的"能量"会因为空间折射社会进程的原理而促使某一处地理空间发生改变。

2014年7月，阿里巴巴提出农村战略，旨在搭建一条直供直销新链路,通过整合阿里巴巴集团、社会和政府资源,一起建立农产品电商发展标准体系(村淘和地方政府合作),农村电商服务站点(村淘点),人才保障体系(村小二和淘帮手),商贸、供销、邮政和电商互联互通的物流体系(菜鸟物流),电商产业园(淘宝村),农产品冷链物流基础设施网络(联合社会第三方企业),鲜活农产品直供直销体系(天猫、盒马鲜生和天猫小店等),以及农村金融支撑体系(蚂蚁金服)。在这条链路中,阿里巴巴集团核心业务几乎都参与其中(中国网,2017)。在种植环节,村淘和蚂蚁金服联合开展农资农具和小额贷款支持;在流通环节,菜鸟解决仓储和物流;在销售环节,天猫负责销售,阿里云的大数据反哺指导农业生产,进一步提高农产品的供应标准、品质和市场竞争力。

截至 2019 年 3 月初,"村淘"的网点已经覆盖了全国 1095 个县,覆盖近 3 万个村,有近 6 万名"村小二"和"淘帮手"。"村淘"的直供直销模式,通过电商帮助农民既解决了农产品滞销问题,实现了精准扶贫和脱贫,又通过市场和产业力量,给农民传授了标准化、品质化和规模化的种植方法,实现了"扶贫+扶心智"相结合,让农民从脱贫变致富,并持续受益。这条新链路成了电商精准脱贫的重要平台,帮助洛川苹果、巴楚留香瓜、阿克苏苹果、金寨猕猴桃、元阳大米和奉化水蜜桃等贫困地区农产品,实现种植过程的标准化和产品品质的优质化。

除了帮农民赚钱和稳定农村,"村淘"的另一大价值在于促进农业升级。当前,中国农业的主要矛盾由总量不足转变为结构性矛盾,矛盾的主要方面在供给侧。而"村淘"正是在保障农业有效供给和优质供给的基础上，给出了一个市场化方案。标准和品质统一的优质农产品，通过这条新链路，先是到达"村淘"在各地的产地仓，然后通过天猫超市和"村淘"的淘乡甜天猫官方旗舰店，直达消费者餐桌。2023年8月底，农业农村部办公厅印发《关于公布第一批农业高质量发展标准化示范项目（国家现代农业全产业链标准化示范基地）创建单位名单的通知》，公布了第一批178个国家现代农业全产业链标准化示范基地创建单位名单。"村淘"也积极响应国家政策，在全国大量建设农业标准化数字示范基地，覆盖水果蔬菜、米面粮油、肉蛋禽和水产品等农业全品类。在构建示范基地全产业链标准体系的过程中，"村淘"根据不同示范基地的农产品特点，精准匹配相应直供渠道，天猫超市、盒马鲜生等不同渠道，都有对应的专属基地，如供应天猫超市专属产区的淘乡甜珍宝岛大米示范基地、淘农场及天猫超市直采基地的上饶市广丰区马家柚。

同时，每个渠道也会通过大数据对用户需求分类，建立矩阵式销售通路，比如天猫直供渠道，又分成淘乡甜天猫官方旗舰店、天猫超市等。越来越多的地方政府开始积极拥抱"村淘"，促进当地的农业经营、加工和物流企业与"村淘"全面对接融合，推动线上线下互动发展。"村淘"相比其他农村电商的优势在于，背靠阿里巴巴的高科技优势，尤其是在用户从搜索到浏览、支付，深度交易链条的每个节点都发挥大数据优势。以大数据为代表的数字技术的广泛应用，吸引了越来越多企业拥抱农村电商。

大数据能帮品牌商精准找到潜在用户并做有效推广。消费大数据也能反馈给品牌商，指导企业开发设计出更契合农村市场需求的产品。比如，舒蕾为给村淘消费者推出定制款洗发水、沐浴露和护手霜等产品，进行了200万份袋洗产品派发和一整年产品套装的测试。基于调查结果，最终确定了蚕丝651毫升去屑洗发露的这款产品，以满足农村消费者对头发护理去屑、控油、柔顺等主要功能的需求。同时，针对农村家庭人口相对较多的情况，这款产品还配合了泵头包装，满足消费者使用方便的需求。定制模式也能减少品牌商触网后对自身经销商群体和价格体系的冲击。在乡村市场，品牌商的主要经销商群体是乡镇里的代销商店。这些店是村里人购买商品的主要渠道，不仅在当地有很好的信用度和固定消费群，还有仓储、物流和售后优势。另外，小店对拓展商品品类也有刚需。"村淘"通过阿里零售通，让数据技术影响从消费到整个产业链条，用大数据赋能中国600万家夫妻小店，打造智能渠道通路。

在上行领域，大数据可以有效帮助农民实现标准化和规模化种植，帮助农民解决种什么和卖给谁的难题。马云曾表示，袁隆平先生把亩产做到了1000斤，而互联网要把亩产做到1000美金（洪宇涵，2018）。早在2018年3月，农村淘宝推出了"亩产1000美金"的计划，这个计划是通过订单农业链接供需两端，实现农货品质的稳定和销售的可持续，从而实现每亩地产出的农产品的价值能达到1000美元，按照目前的汇率换算为人民币7000多元的水平，这也是国内首次把亩产折算成收入金额提出来的。其实，"亩产1000美金"就是"订单农业"，农民与阿里巴巴签订农业订单，农户依托村淘平台进行统一买种、统一用肥、统一管理、统一收割、统一加工、统一销售，阿里巴巴为参与农业项目过程中的农户提供贴息贷款，用于支持农户购买种子、农药、化肥及农机农具等农资物品；同时还参与协调各方资源，保障农产品的收购价高于市场价格，用于打消农户"卖不出去"的疑虑。这将带来土地价值的回归和增值，让农民愿意留在土地上并实现增产增收，进而提高消费能力，进一步推动农村电商发展。

中国经济发展进入新常态以来，城乡融合正迎来资源流动、技术创新和深层次体制机制变革飞跃的历史阶段。"三农"领域确实市场广阔，商机无限，有数亿潜在用户。但"三农"领域绝不是一个"舒适市场"。过去十几年，无论是中国知名品牌，还是跨国巨头，都曾尝试过"进村"，但要么经营惨淡，要么一番努力后发现自己的产品和服务根本触不到农村的广阔天地。究其原因，不是农民不愿意消费，相反，同样的产品，农民花了比城里人更高的价格。也不是农村消费市场不够大，而是通往"三农"的商业通路不够便捷、智能和高效。例如，在农民消费的过程中，申请补助环节多、手续繁杂，多数消费者不能在规定的时间内领取到补贴资金。同时，部分经销网点管理不规范，有些产品无专用识别卡，有些产品没有价格标识。很多企业的教训是，商品能够进村，但服务进不了村。在农村市场，大量山寨品牌和县乡级品牌占据主导，甚至出现"劣币驱逐良币"的现象。村淘平台的发展则致力于用优质、有保证的产品改变过去农村低价劣质产品消费境况。

互联网在重构传统行业时，到了某个积累值，会冲破临界点，实现量变到质变，即从0到1的飞跃。尤其是党的十九大以来，在城乡融合发展问题上，这个临界值更加清晰。随着业务完善和推进，以"村淘"为代表的互联网企业不仅会成为一个产业扶贫、精准脱贫的平台，一个"好货+服务"的平台，而且会向城乡融合的一站式服务平台升级。在这一背景下，"村淘"在农村搭建了一个开放、协同、标准化和可复制的商业基础设施服务平台。从更大范围来看，"村淘"属于阿里巴巴B2B事业群。在进入农村市场之前，阿里巴巴B2B事业群主要做的就是搭建各种商业基础设施服务平台。在国际贸易领域，搭建全球自由贸易的基础设施平台。在国内零售行业，搭建商业智能通路，重构零售业的"人货场"。B2B事业群做了20年内贸、外贸，催生出了内贸服务平台零售通、综合外贸服务平台一达通，还催生出了很多新零售商业物种，如天猫小店、无人便利店等。

（二）促进农村经济发展

乡村振兴战略的核心内容是，坚持农业农村优先发展，按照产业兴旺、生态宜居、乡风文明、治理有效、生活富裕的总要求，建立健全城乡融合发展体制机制和政策体系，加快推进农业农村现代化。促进农村第一、第二、第三产业融合发展，支持和鼓励农民就业创业，拓宽增收渠道。培养造就一支懂农业、爱农村、爱农民的"三农"工作队伍。这意味着中央在解决"三农"问题时，有了全新思路，传统城乡关系将进入新的历史时期。

过去20年，中国解决"三农"问题的思路经过了五次大进化。党的十六大提出，要全面繁荣农村经济，加快城镇化进程，强调增加农民收入。党的十七大提出，要统筹城乡发展，推进社会主义新农村建设，强调以工促农、以城带乡。党的十八大提出，要推动城乡发展一体化，强调增强农村发展活力。党的十九大提出的乡村振兴战略，强调农业农村优先发展、城乡融合发展。党的二十大提出，要全面推进乡村振兴，坚持农业农村优先发展，坚持城乡融合发展，加快建设农业强国，扎实推动乡村产业、人才、文化、生态、组织振兴（习近平，2022）。

从加快城镇化，到城乡统筹，到城乡一体化，再到城乡全面融合，既是一脉相承，又有战略升级。过去解决"三农"问题，更多的是工业反哺农业，城市反哺农村。过去在城乡关系中，农村处于从属和被动辐射的位置。但现在国家强调城乡融合发展，试图构建一种全新的城乡关系。解决"三农"问题的着力点，也转移到发挥乡村主动性和激活乡村活力上。在新型城乡关系思路下，既要借助城市力量解决"三农"问题，也要借助乡村力量解决城市问题，实现城乡协同共振。可以预见，打造一个城市和农村双向融合发展的平台，将成为乡村振兴战略的重要内容，这给企业界提供了一个难得的机会。

阿里巴巴 B2B 事业群启动了"村淘"项目，希望通过互联网力量，重构城乡关系。从这个背景来看，"村淘"顺应历史潮流而生。自古以来，城市和农村是命运共同体。城镇化和乡村振兴并不矛盾，城市和农村的发展从来都是互相交融的。中华人民共和国成立以来，城乡关系经历了三次大变革，且都源于市场力量的驱动。

第一次是从"铁板一块"的城乡二元制结构到城乡关系松动。中华人民共和国成立初期，国家为了发展工业和保障城市正常运转，通过行政力量对农产品"统购统销"，用户籍制度把城乡区隔成两个体系，城乡资源和人口流动受到严格限制。这导致在1978年前后，城乡经济尤其是农村陷入巨大困境。20世纪80年代初，国家取消"统购统销"，实行包产到户，调动了农民积极性，乡镇企业异军突起，一度占中国GDP的1/3。城乡关系坚冰被打破，城乡收入差距迅速缩小。

第二次是从松动到再次脱节。20世纪90年代，中国进入出口经济时代，发展重心重回城市，乡镇企业被竞争下去，城乡差距再次被拉大。进入21世纪，中国加入WTO，大量资本涌入中国，城市成为世界工厂，大量农村人口进城进厂，乡村经济进入下行周期，城乡发展再次脱节。

第三次是从脱节到融合。过去几年，以互联网为代表的新经济和新业态，成为推动经济发展的新引擎。中央政府制定了"互联网+"行动计划，推动移动互联网、云计算、大数据、物联网等与现代制造业相结合，促进电子商务、工业互联网和互联网金融发展。互联网的力量在城市掀起了创新创业热潮，中国涌现出一大批在国际上有影响力的互联网公司。同时，互联网技术正加速向农业农村延伸和渗透，在农业技术推广、市场信息服务、农村电商等方面取得显著成效，农业物联网、大数据等也激活了乡村活力。

互联网作为桥梁，开始消弭城乡鸿沟。尤其是电商加速了城乡融合。2017年，各类返乡下乡人员已达700万人，创办的经济实体平均可吸纳7—8人就业。其中，返乡农民工比例为68.5%，涉农创业占比60%，54%的返乡下乡人员运用了互联网技术来创业（张辉，2017）。农业农村部数据显示，2012—2022年底，返乡入乡创业人员累计达到1220万人。根据《"十四五"农业农村人才队伍建设发展规划》提出的发展目标，到2025年，返乡入乡创业人员超过1500万人，其中农村创业带头人100万人。以"村淘"为例，标准化种植的农产品通过"村淘"的直供直销新链路卖到城市餐桌。同时，城市品质好货甚至进口产品也能进入乡村。这条链路不仅让企业渠道前所未有的下沉，开拓了广阔的农村市场，更让生活方式进入农村，开启了农民心智，让他们有一个平台留在乡村、返回乡村，并且能有所作为。"村淘"的3万个"村小二"和3万个"淘帮手"里，很多人变成了新生代乡镇企业家，并且逐渐从单一的创业者进化为乡村服务者，将农村淘宝服务站点升级为当地的生态服务中心、创业孵化中心、文化公益中心。

当前的"三农"问题进入了新的历史阶段，中国农业的主要矛盾由总量不足转变为结构性矛盾，矛盾的主要方面在供给侧。因此，中央提出要推进农业供给侧结构性改革，加快培育农业农村发展新动能。而电商正是在保障农业有效供给和提高有质量的供给上，给出了一个市场化方案。目前的城乡差距主要是农村生产力发展水平不高、农民收入和消费水平低、基础设施滞后、公共服务水平不高。如果这些问题不解决，城乡融合就很难走出城市反哺农村的路径依赖。决策层显然意识到了这点。所以乡村振兴战略提出，城乡融合要优先发展农业农村。这相当于把解决"三农"问题的着力点，从城市和工业转移到农村和农业。要在城乡融合的改革深水区有所为，政府需要在推进城乡基本公共服务均等化上发挥主导作用，市场力量则在城乡要素资源配置上发挥决定性作用。作为市场力量，"村淘"在过去 5 年一直着力搭建一个让城乡直连互动的基础设施服务平台。强调数据赋能，不能把乡村当作清库存的下水道，而是对城乡需求做精准匹配。比如，在新冠疫情防控期间，不少农产区销量受到冲击，而疫情防控使很多城市居民面临买菜难、买水果难，农产品供需匹配呈现短期严重失衡的现象。阿里巴巴率先行动，2020 年 2 月淘宝启动"爱心助农"计划，设立 10 亿元爱心助农基金。此后，其他电商平台也行动起来，发起了各自的助农计划。例如，"村淘"用产业扶贫的思路做精准脱贫，在贫困县建立天猫和"村淘"的专属产业基地，让农产品专供或直供阿里平台，再用销售大数据指导农业生产。因此，其实际上是一个高效智能的城乡上下行通道，能让资源、人口、商品、生活方式在城乡之间自由配置和融合。"村淘"的探索，与近年来中央一号文件里提到的农村电商发展思路不谋而合。

（三）培养农村发展人才

随着城市化和工业化的推进，农村社会的一项重要变化是乡村社会的"代际分化"式的人才外流。"代际分化"即乡村社会内部父辈（含祖父辈）与子辈在受教育程度、职业、社会交往范围和层次、职业追求等方面的分化。代际分化自古有之，但在传统农业社会中，由于外出就业机会的稀缺，子承父业的程度较高。然而，改革开放以来，随着城乡之间人口控制的松动，农民从业的代际分化现象越来越突出，成为今天我们讨论和从事乡村建设必须正视的现实问题（苑丰，2019）。

随着家庭联产承包责任制的实行和中国工业化、城镇化的发展，更多人离开村庄去城市就业，在形成年轻人外出打工、老年人在家务农的"半工半耕"的生计模式的同时，家庭生活也随之在代际之间呈现"半城半乡"的状态。这种代际分工不仅是一种经济结构，也是一种社会结构和家庭结构，同时还是一种政治结构。这种结构的形成和稳定，对中国经济发展和社会治理产生了非常重要的影响（杨华，2015）。也因此，过去制约农村电商发展的最重要短板是，村里"没人"。既没有具备购买力的年轻消费群体，也没有懂电商的人才。随着土地的增值，很多农民工回归土地，变成"农民商"，成为新型农民、创业农民、产业农民。他们用大数据和互联网决定种什么、怎么种和卖给谁。

对此国家也出台了相关政策，帮助农村电商培养人才。2015年11月《国务院办公厅关于促进农村电商加快发展的指导意见》要实施农村电商百万英才计划，对农民、合作社和政府人员等进行电商技能培训，支持有条件的地区建立专业的电商人才培训基地和师资队伍，培养既懂理论又懂业务、会经营网店、能带头致富的复合型人才。2024年3月，《商务部等九部门关于推动农村电商高质量发展的实施意见》鼓励各地制定农村直播电商人才支持政策，加强人才扶持。

据农业农村部数据显示，2012—2022年底，返乡入乡创业人员累计达到1220万人。根据《"十四五"农业农村人才队伍建设发展规划》提出的发展目标，到2025年，返乡入乡创业人员超过1500

万人，其中农村创业带头人达 100 万人，培育出庞大的电商消费人群。这些返乡者既懂农村又了解城市消费需求，他们回乡后，催生出了一个农资农具"黑科技"市场，让无人机洒农药等黑科技应用，变成农业种植的日常场景。同时，也针对城市居民打造出了一个"乡愁市场"，把阿克苏苹果、巴楚留香瓜、奉化水蜜桃、金寨猕猴桃、高邮咸鸭蛋和元阳红米等优质农产品，通过"村淘"卖到城市餐桌。

农村电商成了返乡青年创业最主要的互联网"抓手"。比如，有个江西赣州的"80后"农民工，回到老家后成了"村淘"的村小二。不仅帮助当地农民通过淘宝卖脐橙实现了脱贫致富，而且自己也成了新一代乡镇企业家，成了县里的政协常委。如今，当一名村小二已经是很多返乡人才的时髦选择。"村淘"曾在贵州一个 40 万人的县招募村小二，结果引来 8000 多人报名。这些村小二和他们在村里的"拍档"——淘帮手，给乡村带去了电商"火种"，开启了农民的网销心智，点燃了农民的网购热情。

引导具有实践经验的电商从业者返乡创业，鼓励电商职业经理人到农村发展。调动返乡高校毕业生、返乡青年和农民工、大学生村干部、农村青年、巾帼致富带头人、退伍军人等参与农村电商的积极性。中国农村电商的发展也引来了国际社会的关注，比如联合国世界粮食计划署中国办公室在农村做电商产业扶贫，给村里带来了海外人才。联合国前任秘书长潘基文及多个国家元首都曾表示，如果"村淘"能成功，意味着将来孟加拉国、印度及南美洲等很多国家都有可能复制这一模式。

"村淘"还为地方政府培训电商人才。对于县乡基层政府来说，脱贫攻坚和乡村振兴是当下最重要的两大政治任务。而这正是阿里巴巴电商脱贫模式的优势所在：通过整合阿里巴巴经济体及其生态伙伴和政府的资源，完善乡村商业基础设施，让农产品直达城市餐桌，带动农民增收。通过大数据，帮助县域找到、培育和壮大产业品牌，实现乡村产业兴旺。2014年，阿里巴巴提出乡村战略并成立"淘宝大学"，该学校根据不同县域的需求和特点，提供个性化和定制化课程。其中，需求量最大的两门课程是"农产品上行如何突围"和"乡村振兴战略与电商路径"。推出了面向县级领导（副县长及以上）的"县长电商研修班"，2016年又推出"县域干部电商研修班"。截至2018年12月底，县长电商研修班举办了74期，共培训2926名县领导，覆盖28个省份。县域干部电商研修班举办了32期，累计培训13417名县域干部，覆盖170个国家级贫困县。研修班旨在提升党政领导干部对电子商务发展的认识，为县域电商产业高质量跨越式发展培养一批具有前沿开放视野、数字商务智慧、创新担当实干和现代办事能力的干部队伍，就推进县域电子商务进农村综合示范工作、深化电子商务推广应用等展开探讨。

二 互联网进入乡村的综合性影响

互联网深入乡村社会，不仅会通过电商等形式为农民增收开辟新的途径，而且从长远来看，互联网还打破了过去农产品销售局限于生产地的限制，使生产与销售得以在空间和时间上相分离。由于互联网的信息共享，分散的小农得以直接对接统一的大市场，使得定制农业成为可能，从而在根本上改变农业生产形态。过去农业生产尤其是商品化作物的产值深受市场波动的影响，农民往往盲目跟风市场走向，结果导致生产过剩，资源浪费，损害农民生产的积极性。在定制农业的生产销售模式下，过去被视为经济效益较低和较小规模的特色农产品，将超越机械化大规模生产的农产品，成为高端市场商品，农业生产的经济和社会价值得到重构。近年来，"一条"等高端电商平台推出的明前龙井等茶叶预定众筹，初显定制农业的端倪。随着互联网进入，越来越多的乡村地区，定制农业将从茶叶、烟叶等高端经济作物，扩展到越来越多的农业产品品类，定制农业有可能成为未来农业生产现代化主导模式，小规模和家庭农业有可能取代一直以来被视为现代化农业标准模式的大规模机械化农业，成为互联网时代现代化农业的基本形态。

互联网进入乡村，还会从根本上改变城乡资源配置的结构。互联网的一个基本特点是超越了资源的地域限制，实现了教育资源、文化资源和信息资源的无门槛跨地域共享。中国长期以来城乡之间在教育资源、文化资源和信息资源上的巨大差距，导致乡村地区的经济发展和社会现代化程度一直落后于城市地区。从长远来看，文化和教育资源缺失导致的人才匮乏和经济发展驱动力的缺失，是比物质资源本身匮乏更为严重的问题。这些软件资源的缺失，导致乡村人口尤其是年轻人才的外流十分严重，乡村发展乏力。而互联网的发展能够从根本上消除这种资源配置的鸿沟，实现城乡之间在越来越多领域的资源共享。

互联网推动城乡之间资源配置结构的变迁，还会改变改革开放以来随着工业化兴起带来的城乡人口流动的趋势，在地化城镇化成为可能，甚至可能在一些基础设施完善、自然条件优越的乡村地区产生逆城市化现象。随着城市的人口和经济、文化资源进入乡村，逆城市化地区的土地价值也会随之升高，既有的农村土地制度会产生相当大的变化，这需要对当前农村土地流转制度预留政策改革的空间。随着农业生产形态的变化，农民增收的主要途径很可能回归到农业生产本身，因互联网农业发展而衍生出的物流、冷链保鲜和新材料合成、生态有机肥等相关产业，会吸纳大量劳动力，农业生产本身的劳动吸纳能力提升，农民的增收途径就会由现在依赖外出打工，转变为回归农业及其相关产业的发展。这些趋势集合起来，就可能引发人口流动方向的改变。

三　对策建议

立足互联网经济对农业生产和乡村社会的影响，政策建议的核心应该是政府为互联网进入农村与互联网企业在农村的发展提供配套的政策环境，主导方向是为互联网进入乡村地区提供助力，推动乡村地区的现代化，主要包括税收、市场准入条件和产业政策倾斜扶持等方面。具体包括以下几个方面。

（一）加强政策扶持

通过宏观调控的经济手段，诸如税收、市场准入条件和产业政策倾斜扶持等方式，建立系统的农村互联网经济政策体系。鼓励、支持和引导城市互联网资源向农村流动，开辟互联网式农业经济。商务部、农业农村部和相关立法机关等，加快推进适应电子商务的农产品分等分级、包装运输标准、市场信用体系等一系列立法活动。把互联网进入农村纳入扶贫开发工作体系，以建档立卡贫困村为工作重点，提升贫困户运用互联网创业增收的能力。放宽农村地区互联网企业的市场准入条件，降低门槛，尽量盘活农村现有的互联网经济资源。对于阿里巴巴、京东等电商龙头企业，鼓励其开辟革命老区和贫困地区特色农产品网上销售平台，并为其提供相应的税收优惠。

金融方面，主动向农村互联网企业提供优惠贷款政策，同时地方政府应引导通过农民合作社内部资金互助，为农村互联网经济发展提供资金支持。通过税收优惠和研发资金支持等方式，引导银行业金融机构和支付机构研发适合农村特点的网上支付、手机支付、供应链贷款等金融产品，加强风险控制，保障客户信息和资金安全。加大对电子商务创业农民尤其是青年农民的授信和贷款支持，简化农村网商小额短期贷款手续。符合条件的农村网商平台和机构，可按规定享受创业担保贷款及贴息政策等相关金融政策优惠。

新的市场领域往往因缺乏规制而产生混乱，为保证互联网经济在农村的健康有序发展，需要严格加强网络市场监管，强化安全和质量要求，通过重点打击制售假冒伪劣商品、虚假宣传、不正当竞争和侵犯知识产权等违法行为，维护城乡消费者的合法权益，促进守法诚信经营。以优质平台示范、督促第三方平台加强内部管理，规范主体准入，遏制"刷信用"等欺诈行为。维护公平竞争的市场秩序，推进农村电商诚信建设。

（二）加强农村尤其是偏远农村基础设施建设

互联网能够进入农村并发挥相应的作用，前提是具备电力、信息网络和计算机等硬件基础设施。因此，推进互联网企业在农村的发展，必须完善农村地区相关基础设施建设，实现通电、通网，并采取财政补贴方式为农村学校、社区站等公共机构购置计算机，提高计算机在农村的普及率。电子商务农业的发展离不开物流体系，物流的基础是交通运输业的发展。建设铁路、公路和水运等基础交通方式，这一点在偏远地区的农村尤为重要。加强交通运输、商贸流通、农业、供销、邮政等部门和单位及电商、快递企业对相关农村物流服务网络和设施的共享衔接，加快完善县、乡、村三级农村物流体系，鼓励多站合一、网络协同。鼓励传统农村商贸企业建设乡镇商贸中心和配送中心，发挥好邮政、供销系统的服务优势，发展第三方配送和共同配送，重点支持老少边穷地区物流设施建设，提高流通效率。

（三）提升农村人力资源质量，适应互联网技术应用的基本要求

积极探索旨在促进优质农产品城乡对接的农村电商新模式。每年定期开展农村电商创新创业大赛，调动返乡高校毕业生、返乡青

年和农民工、大学生村干部、农村青年、巾帼致富带头人、退伍军人等参与农村电商的积极性。开展农村电商强县创建活动，发挥其带动和引领示范作用。通过示范平台积极引导各类媒体加大农村电商宣传力度，发掘典型案例，推广成功经验。

持续实施农村电商百万英才计划，对农村骨干、带动能力强的合作社和政府有关人员等进行实战技能培训。在偏远农村地区普及夜校教育，提高农村识字率，从而掌握使用计算机和互联网的基本技能。在此基础上，有条件的地区和组织可以建立专业的电子商务人才培训基地和师资队伍，努力培养一批既懂理论又懂业务、会经营网店、能带头致富的复合型人才。引导具有实践经验的电子商务从业者返乡创业，鼓励电子商务职业经理人到农村发展。

（四）调整城乡发展战略，预留土地、人口、户籍等各种基本制度的改革空间

互联网进入乡村，改变了农业生产形态和城乡资源配置模式，也导致城乡发展模式的转变。这涉及土地、户籍、人口政策等一系列基本制度的改革，需要站在长远视角，进行相应的战略规划。毕竟，当前中国的城乡政策体系和土地等基本制度是围绕以工业产业为基本动力的城市化发展模式建立的，未来互联网经济的发展需要与之相匹配的资源配置和人口结构模式。这需要党中央等决策部门在制定相关政策时具有前瞻性，为未来可能的改革方向预留足够的空间。

第八章 快递进入乡村的社会经济积极影响
——来自对菜鸟的观察

快递作为一种新业态，自进入乡村以来深刻地影响着农民的交易和生活方式。快递拓宽了农民获得资源的渠道，推动了农业生产方式创新，并促使劳动力就业和人口布局发生变化。一些快递、物流企业通过数字乡村计划，短时期内在基层县、乡、村三级建立了共配服务体系，在部分重要农产品产地建立了以产地仓和配送为基础的上行物流中心，开发了系列物流新技术和服务新产品，成为当前乡村地区快递发展的重要推动者和创新者。本章基于菜鸟在乡村发展的实践，总结快递在乡村流通领域的创新，研究快递进入乡村后已经产生和今后可能产生的经济、社会影响，提出推进快递在乡村进一步发展的建议。

一 快递在乡村流通领域的创新

（一）开发不同服务产品，服务不同类型市场

菜鸟针对不同类型的市场，开发了不同的服务产品，在满足市场需求的同时突出了产品特色。菜鸟的业务范围涵盖面向消费者的物流履约服务、面向商家的综合供应链服务及面向物流企业的基础设施服务。菜鸟在农村流通领域开发的产品主要是菜鸟乡村，菜鸟乡村既可以为农村消费者提供快递的分拨、运输和配送服务，也可以为当地特色农产品上行提供包装、加工、仓储、配送等一揽子解决方案。菜鸟乡村在为农村生产者和消费者提供服务的同时，促进了农村快递服务的标准化和通用性的信息系统开发，如菜鸟电子面单技术和智能化仓储技术。菜鸟与农村其他快递公司合作，使农村快递服务真正地实现了降本增效，农村快递服务从"不可为"变成"大有可为"。

（二）建设农村共配系统，实现快递服务的规模化发展

快递服务行业竞争日趋激烈。快递行业同质化的问题致使服务的利润不断减少，在农村的偏远地区甚至出现了亏本经营的现象，县级及乡镇快递服务站点的运营压力不断加大。但是，农村消费群体越来越习惯网络购物，农产品的销售转向网络的规模在逐年扩大，农村地区对快递服务的需求明显增加，对快递服务的质量要求也逐渐提高，这就出现了快递服务的供需矛盾。国家从经济

发展的宏观战略布局上要求加快"快递进村"的步伐，2014年国家邮政局启动了"快递下乡"工程，2020年国家邮政局发布《快递进村三年行动方案（2020—2022年）》，提出到2022年底，符合条件的建制村基本实现"村村通快递"。国家希望通过快递进村带动农村就业、拉动农村地区产业的发展，为乡村振兴提供支持。

面对社会经济环境变化和新的挑战，菜鸟在县域范围内与中通、申通、圆通等多家快递公司合作，在县（市）建立共配中心，在乡镇、村建立配送公共服务站。县（市）共配中心负责所在区域的快递分拨、运输、配送、上行等服务，同时负责县—乡—村三级共配服务站点及其服务网络的管理与维护。共配系统的建立打通了快递服务的中端与末端系统，提高了分拣、运输、配送服务环节的效率，加快了快件的流通速度，将多家快递企业的多个共配仓和多条流水线整合为"一仓一线"。县（市）共配中心平均节约了20%—30%的场地成本，并且在分拣、配送环节减少了大量人工投入，人员效率提高了约30%。由于分拣、配送效率大幅度提高，农村地区快递业务量明显增加。共配体系建设提高了快件的派送效能，节约了快递员2小时的派送实效节点，提高了单个快递员的派件量，增加了快递员的收入，部分地方的快递员单日最高可以派送1200多件。共配系统建设也为农产品上行提供了便利，基于共同配送服务体系打造的上行物流中心方便了农产品进城，扩大了农产品的销售市场。目前，菜鸟共配项目已经覆盖1000多个县城，有30000多个乡村服务网点。

（三）建设农产品上行物流中心，实现"产、运、销"一体化发展

菜鸟在多个省份一些重要的农产品产区建立了以产地仓、供应链为基础的上行物流中心。上行物流中心建设的重要市场机遇主要有两点：一是产品网络销售的途径变得多样化，如新冠疫情期间通过淘宝、抖音、快手、西瓜视频等直播平台进行网络带货，这为农产品销售提供了重要途径，也丰富了农产品的网络销售模式。通过网络销售的通用方式销售农产品，农产品的生产、转运、包装、配送等各个环节都是分割的，要经过多个装卸、仓储、运输等环节，除各个环节都会带来损耗，以环节分割影响了时效外，还容易影响农产品的品质。新型网络销售模式意味着很多农产品可能需要从农产品产地直接发货，这也就带来了对新型物流服务的需求，而在农产品产地建设上行物流中心正是适应了这一市场需求的变化。农产品产地的上行物流中心实现了在产地仓对农产品进行加工、分选，就地配送，省去了农产品上行过程中的多次中转，减少了损耗，能够很好地保证农产品的品质和时效。二是消费者对网上购买的农产品有了更高的要求。直播平台销售农产品可以让消费者直接看到农产品的生长环境、种植和加工等过程，让消费者对产品质量有直接的了解，新鲜与高品质正是对消费者购买决策有关键影响的因素，上行物流中心的建设需要保证这些因素不受削弱。菜鸟在农村布局的上行物流中心实现了农产品的"产、运、销"一体化，这一重要创新为农户、消费者提供了便利，为市场创造了价

值。目前，菜鸟在云南、广西、陕西、山西、湖南等农产品核心产地建设了 8 个农产品产地仓，综合建筑面积达到 12 万平方米，为农户提供农产品"产、运、销"一体化供应链服务，日处理订单近 20 万单。

（四）建设"快递+社区生活"的新型农村消费中心

"快递+社区生活"是指将乡镇或者村级的共配服务站点建设成为农村的消费中心，这一中心建设的原因有主观和客观两个方面。

从主观方面来看，将乡镇或者村级服务站点建设成为农村消费中心可以让服务站点获得范围经济，在原有基本投入的基础上增加服务项目，如线上电商、社区团购和线下快递超市等，增加服务站点的收入，不仅可以改变过去单一的经营模式，也可以使服务站点聚集更多的人气，在方便快递业务拓展的同时，扩大服务产品的知名度，支持服务站点未来的多业态发展。例如，在河南经营快递共配业务和超市的崔某，此前只做快递的代收业务，月收入在 4000 元左右，在经营了快递共配业务及超市后，月收入提高了 10 倍，达到了 4 万元。

从客观方面来看，乡镇尤其农村是人口的流出地，这点在偏远地区表现得尤为明显，不仅人口大量流出的偏远地区人口密度低，并且留守人口的年龄偏大，在偏远山区 60 岁以上人口的占比接近 1/3。人口大量流出使商业集中的困难提高，快递服务站点可以利用收、寄快递的人流，以及人们对快递站点的熟悉配套相关消费物品。服务站点周边也可以利用人流提供产品销售，带动人员、产品和服务的集聚，形成新型农村消费中心。而服务站点的新型消费中心建设可以起到巩固原有经济中心的作用。

二 快递进入乡村对乡村经济的积极影响

（一）聚焦"三提一缩"，提高了商品流通效率

商品流通效率不仅包括单位时间内从生产领域到达消费领域的商品数量，也包括商品流通速度的快慢，还包括单位商品完成流通所花费的成本大小。近年来，国内的物流企业通过不断创新服务业态、拓展服务内容，从提高流通环节紧密程度、提高市场效率、提高技术效率和缩短流通时间这"三提一缩"入手，促进了商品在农村流通效率的提高。

第一，提高流通环节紧密程度。商品流通的收购、加工、批发、零售等多个环节的紧密程度会影响资源的配置效率和流通效率。菜鸟乡村与快递企业共同在流通环节集约化作业，既为农村消费者提供快递的分拨、运输和配送服务，也为当地特色农产品上行提供仓储、配送等一揽子解决方案。这种将多个流通环节紧密结合、提供多重服务的做法降低了环节间的转换成本，提高了流通效率。

第二，提高市场效率。根据现代产业组织理论的"市场结构—市场行为—市场绩效"分析范式，市场结构决定企业行为，而企业行为又决定市场运行的经济绩效。高效的市场结构既可以保障充分竞争的实现，又有利于实现规模经济，从而使社会福利达到最大化。菜鸟通过与多家快递公司合作，在县一级成立独立的合资公

司，提高了市场效率。在实际运营中，由各家快递公司在县级的合资公司负责所在区域的快递分拨、运输、配送、上行，以及县、乡、村三级共配服务站点的运营、管理与维护工作，多家快递企业的多个共配仓、多条流水线互相合作，成为"一仓一线"，共享了原本分散的场地、人力和运力等资源，在县域范围内实现快递服务的规模化、集约化发展，提高了流通效率。

第三，提高技术效率。经营主体的技术水平即生产函数决定了其在既定投入水平下的生产可能性边界。但是，受社会、经济、人口学特征等因素的影响，每个经营主体的实际产出都有可能在生产可能性边界之下，这就造成了经营主体在现有投入水平下的效率损失。"菜鸟共配系统"通过运用先进的智能调配系统，将之前多家快递公司的分拣低效率变为数字化分拣的高效率，消除了信息壁垒，提高了分拣、配送过程的智能化水平，通过技术效率的提升加快了商品流通速度。

第四，缩短流通时间。从商品物流角度来看，流通时间越短，流通效率越高。农产品上行物流中心扎根农村、立足产地，实现了农产品的"产、运、销"一体化，用尽可能少的时间实现了商品的空间位移和在不同所有者（或不同经济主体）之间的转移，对提高流通效率具有重要作用。

（二）降低交易成本，缓解了农产品市场供求错配

农产品市场的供求错配是供求双方在数量和结构上的矛盾导致的。当前，中国有大量对安全、健康、有机农产品的需求未被满

足，而农村中又同时有很多优质、独特的农产品滞销。这种供需错配降低了交易效率，不利于均衡市场的建立。快递进村的政策导向和其在农村最基层的乡村终端服务网点从两个层面对这一问题的缓解提供了帮助。

一是畅通信息通道。快递将电商终端引入农村，通过网络把农产品的信息"送"出去，在很大程度上解决了信息不对称的问题，有助于购销双方互相满足需求，实现市场均衡。二是提供长链条服务。有很大一部分农户，他们既不缺订单，也不缺农产品，而是被"卡"在了商品的专业化包装和外运上。这两个物流上的堵点致使他们不能将全部的精力用于专业化生产和拓展市场，影响了产量的扩大，也无法很好地满足市场需求，供不应求的现象随之产生。值得欣慰的是，农产品上行服务站点中的包装、仓储、配送等一条龙服务，完成了专业的包装和高效的运输，节约了农户的生产成本，加快了商品流通速度，使供需双方能够更快、更好地对接，极大促进了市场均衡的建立。

（三）延伸服务触角，帮助了农业专业化、规模化发展

农业的专业化、规模化发展不仅取决于当地的生产条件，如土地规模、农业机械化水平等，也会受到其流通和销售条件的制约。较大的市场需求会给农业生产提供充足的销售空间，而顺畅的物流通道确保农产品实现了由商品到货币的"惊险一跃"。快递进村和农产品上行服务从这两个方面为农业的规模化、专业化生产提供了便利条件。

第一，农产品上行服务极大地畅通了农产品的销售通路，缩短了农产品从农户到市场的"最初一公里"所耗费的时间，加快了流通速度，降低了交易成本，为农产品更加快速地进入市场提供了便利条件。农产品上行服务开展之前，农户需要自行运送农产品至较远的快递收发点，产生额外的运输费用。农户不仅要关心生产，还要自行解决农产品外销"最初一公里"的物流问题，这种"生产+外运"的模式分散了有限的资金和人力，不利于生产的专业化，也制约了规模化生产的实现。有了农产品上行服务，不仅节约了上门取件外运成本，同时也提供了更为专业的包装和更加高效的物流服务，更好地实现了农产品的保鲜，保证了产品质量，有助于生产的扩大、专业化和规模化。

第二，快递还与电商终端一起，在线上完成了农产品的销售，使其直达消费者。这种结合模式不仅带来了扩大的市场，从需求侧刺激了生产的扩大，也助推了生产的规模化。以菜鸟物流为例，仅在云南省新平县，上行物流中心就形成了日产8万单的产能和350吨的加工能力，不到两个月就运出1800吨脐橙，规模化生产能力不断加强。

（四）服务农村社会，催化了新型农业经营主体产生

电商物流不仅以强大的服务能力将快递的触角延伸到村，还通过引入电商终端直接将广阔的市场引入村内、引到家中。这两大创新从两个层面刺激了农业生产，有可能引起农业经营组织的演化。一是在直接层面，电商终端的入驻使农户直接面对消费者，销售市

场瞬间扩大，销量增长迅速。更大的市场需求将刺激农户扩大生产规模，转变之前较为粗放的小农户经营模式，走上生产大户、家庭农场或经济合作社等新的经营组织模式。二是在间接层面，农产品上行服务节省了农户在运输方面的人力支出和成本消耗，使农户有了更多的劳动力、时间及资金用于生产，有助于生产的专业化，对经营方式从粗放到集约的转变大有裨益，有助于其形成更为专业的农业生产组织。

（五）扩宽兼业渠道，拉升了农户收入水平

随着农业生产机械化水平的不断提高，农业生产所需的人力资本持续减少，而由此产生的农村剩余生产力急需适合的生产场景实现其价值。电商在乡镇、村建立服务站，为闲置劳动力提供了工作机会。

村民在乡镇和村级服务站工作，不仅无需背井离乡，快递的收发、配送服务也相对较为灵活，而且此工作对技术性和专业性的要求不高，前期无需投入高昂的成本，也无需整块的、全日制的工作时间，具有强大的吸纳零散时间和劳动力的特点，满足了农村劳动力兼业的需求。以菜鸟为例，自2019年升级乡村物流后，全国至少有数万名乡村服务站站长，仅耒阳一个市就有近百名"快递阿姨"，有效创造了农户兼业机会，提高了农户收入。

（六）汇聚物流、人流，推动了村级经济服务中心建立

相较于城市发达的商业环境，农村仍然以农业生产为主，人流、

商流、资金流都十分有限。在很多农村，采购大宗商品是需要去镇里的，村里缺乏商业活动所需的场所、设备及资金，更少有类似经济服务中心的商业聚集点。

快递公司在乡村建立共配服务站点后，村民有了固定的取件点，村民所网购到的商品被汇聚到了同一场所，有购买力的人流也聚集到了一起，这就在无形之中集齐了经济服务中心所需要的场所和人流，为其之后的建立和发展提供了最关键的要素。快递充分利用共配服务站点这一便利条件，引入线上电商、社区团购和线下快递超市等服务内容，变快递站点的单一模式为"快递+社区生活"的范围经济模式，推动了村级经济服务中心的建立和村内经济的发展。

（七）改善商住环境，促进了人口布局合理化

当前，工业化与城镇化的筛选机制致使农村人口数量锐减，质量下降。农村居民或是出于提高经济收入的角度，或是出于提升生活品质的角度，纷纷离开农村，导致农村空心化、老弱化现象严重，城乡人口布局不合理。快递在这一现实人口布局背景下，打通了农村消费市场的末梢神经，改善了农村地区的生活和经营环境，使农村的网络消费额和农产品上行总量节节攀升，农村居民的生活质量大大提高，有利于实现城乡协调的人口格局。

第一，快递进村将留住现有农村居民，有利于保持农村人口的数量不下降。快递进村与其他公共服务一起提高了农村居民的生活质量，在一定程度上降低其迁移进城的意愿，对现有农村人口数量的稳定产生积极作用，减缓了城乡人口比的扩大趋势。

第二，快递进村将回吸部分外出务工人员，使农村人口数量上升、质量提高。在农村物流较快发展的现阶段，已经有不少外出务工者意识到了农村物流市场大有可为。他们回流农村从事物流行业，不仅给自身带来了经济价值，也为农村带来了现代化观念和年轻劳动力，有助于降低城乡人口比，同时提升农村劳动力质量，使人口布局趋于合理。

三 快递进入乡村对乡村社会的积极影响

（一）为农民提供学习契约精神的机会，增强其经济核算意识

传统上，农民出售自己产品、购买消费品和生产资料主要在村头小商店、集市、乡镇和县城，因为信息不畅和较高的交通成本，农民与外部交易在空间和时间上都受到限制。快递进入乡村，尤其是菜鸟在县、乡、村建立三级配送体系，并在部分核心产区建设了农产品上行物流中心后，加速将农村社会纳入整个市场体系。只要掌握简单的上网知识，学会使用易懂的 App 应用方法，农民便可以在全国甚至国外市场购买自己需要和喜欢的消费品，并将自己生产的产品销售至全国和世界各地。快递突破了交易的时空障碍，扩大了农民的交易范围，大幅增加了交易频率。农民不仅在消费品上有更多的选择，更容易匹配上自己需要的产品，而且在出售自己产品上更有可能找到最高的出价者。快递提供的网络交易是无形的，农民购买消费品时需要检查产品数量、材质、样式、出厂和保质日期

等，出售自己产品时需要按订单要求保证数量、规格、品质和时间。因此，快递迫使农民学习与外界合作的契约精神。因为快递提供各种交易机会，交易范围扩大将平滑市场风险，农民不再局限于自给自足和本地的市场需求，他们将充分利用可获得的资源，根据市场价格计算各项生产的投入和收入，按利润最大化组织生产，从而增加经济核算意识。

（二）拓展社会网络，农村有机会获得更多信息和社会资源

中国农业目前仍以小规模家庭经营为主，农忙时如果劳动力不足，则可以通过换工和雇佣的方式解决。需要的农机或其他生产服务主要由本村、本乡镇内专业农户或组织提供，种子、化肥、农药从当地农资店购买。农民消费品获得也主要局限在县域范围内。农民形成了以熟人为主的交易网络，这种熟人网络因规模小而增强了共同体意识，有利于内部交换资源和合作，共同应对自然和市场风险。但是，熟人网络限制了农民利用外部资源的机会。而且，熟人一般具有共同的价值观，大家的长期交流进一步强化了这种价值观，容易导致对外部信息的排斥和外部资源的浪费。快递进入农村使熟人网络松弛，但增加了农民从外部获得信息、交易和利用资源的机会。互联网让城市和商业文明在农村快速传播，改变了农民的生活方式和精神追求，农民已经开始注重低脂、低糖的健康饮食，闲暇时外出散步和跳广场舞，减少了看电视和打麻将的时间。快递进入农村之后，除增加消费品、生产资料、农产品和工艺品买和卖

的选择机会外，由于信息、技术、工艺常常附着在产品上，通过电商平台购买消费品的农民还了解了时尚和健康消费方式，获得了关于产品价格、生产技术、制作工艺、销售方式等方面的信息。

（三）创新农业生产方式和经营模式

快递增加了农民资源、技术、市场信息的可获得性和交易范围，使其在资源组合和生产方式上有更多选择，从而有利于农民专业化和规模化生产，提高生产效率。电商平台利用大数据将农产品市场分层，给农业生产者提供了生产和销售优质产品的渠道。目前，部分电商平台开始直接投资农业，利用自身技术开发和大数据计算方面的优势，将数字技术引入农业生产过程，通过精准施肥、喷洒农药、浇水、生产过程控制管理等，生产的产品质量更优、规格更标准、价格更高、成本更低。数字技术节省了农业劳动力和水资源，减少了化肥农药使用，降低了碳排放，保护了自然资源。电商平台从事农业的示范和技术外溢正引导越来越多的企业、农场发展数字农业，数字农业设备和技术服务有规模经济效应，这将推动土地流转和农场规模扩大。因此，电商和数字技术正在促进中国农业经营规模、经营模式和生产方式创新。

电商平台利用技术不仅可以获得市场需求偏好信息，同时掌握农产品上行的供应链。电商通过价格机制可激励农户合作，建立真正的农业生产合作社，从而形成由电商、合作社、农户组成的产供销一体化、三方共赢的格局。其中，电商提供包装、加工、冷链、运输和销售服务；合作社提供优良动植物品种、绿色高效的化肥农药、必要的生产资料及关键的生产技术，指导农民如何使用技术和投入品；农户直接从事生产，解决劳动过程的激励问题，合作以契约的方式确定三者的权利、责任和利益分配。目前，菜鸟已在云南、广西、陕西、山西、湖南等地的农产品核心产地建设了 8 个农产品产地仓，并计划在 2021 年内新建 100 个产地上行物流中心，为农户提供农产品"产、运、销"一体化供应链服务。可以预见，随着业务发展和供应链服务完善，这些核心地带将出现以电商为龙头的农业产供销一体化形式，既将小规模农户与消费者市场连接起来，又保证了农产品有效供应和市场平稳。

（四）为乡村振兴培养和储备人才

改革开放 40 多年来，随着快速的工业化和城市化，大批农村劳动力进入沿海地区和城市的工厂和服务行业，农村留守人员以老人、妇女、儿童为主，勤劳、有一定文化水平、能力强的青壮年劳动力大多离开了农村，导致农村各业尤其是服务业不兴。快递进入农村后，部分青年农民返乡创业，利用网络平台开办网店，组建农民合作社。这部分具备企业家潜质的人才或先前在城市工作生活过，抑或是大、中专毕业生，素质高，见识广。开办网店或兴办合作社既需要与村内农民打交道，又需要与外部市场交易合作，所以，这部分年轻人人脉更广，合作和契约精神更强，更有能力动员社会和利用外部资源，成为村庄新一批精英。其中，部分精英将成为行政村负责人，进而提高村组织成员素质，增强农民合作的能力。

四 结论与建议

菜鸟在短期内以电商流通为突破口，以其技术优势与基础建设投入优势进入城乡物流经济领域，以菜鸟为代表的乡村电商物流正在跃上一个新的发展台阶，其对乡村社会经济的发展所产生的重大影响非常值得学界关注。对这一重大变化的长远意义，笔者作如下概括。

（一）电商物流创新正在改变资源匹配的技术性质

电商物流增速显著超过乡村基础设施投资增速，表明我们过去对农村发展领域关于资源短板的认识有问题。乡村基础设施的硬件还是那些，为什么乡村物流可以大幅度增加，以致云南省的一个县在2020年的农产品上行物流规模是10年前的1万倍？显然，物流资源配置的匹配规则在不同技术条件下会发生变化。笔者初步分析认为，在新型电商物流技术装备下，至少在乡村地区出现了局部的具有现代性的"规模中性"物流技术类型。这个变化的机制尚待进一步观察研究。

（二）电商物流创新正在改变农村就业的时空结构

对现代农业的观察表明，即使在农业规模条件下，农民的非农兼业也对农民收入高低有重大影响，对小农户的收入高低的影响更大。电商物流平台的技术完善，使农户直接进入全国性农产品市场体系，大幅降低了农户的兼业成本，使农户成为流通领域的就近、就地兼业者，在很大程度上消除了农民远距离兼业与家乡农业经营的矛盾，不仅为农户增加非地头农业收入提供了空间，也为地头农业的稳定发展创造了条件。

（三）电商物流创新正在改变影响城乡人口布局的产业基础

发达国家农村现代化的经验表明，农村居民数量超过农业居民数量，其中非农业居民集中居住凝聚成市镇中心，边缘地带农民为了适应农业经营需要分散居住，由此形成合理的现存人口布局，这正是农村现代化的必备条件。笔者发现，电商物流平台正在推动这一格局的产生。

（四）电商物流创新正在改变农村经济的经营形态

国际农业现代化进程表明，把农户固定在农业产业链低端，不利于农业现代化。如果没有好的组织载体，农户就只能停留在农业产业链的低端。菜鸟建设的1000个乡村物流中心，将更大的农户与农业产业链紧密联系在一起。这个进程还在持续推进，且势头非常好。

以上诸方面的积极进展不是某个组织或某个人以一己智慧建构的产物，而是以菜鸟为代表的各物流平台在实际经营活动中积极探索、反复试错的结果。农村电商物流的未来发展还会有很大的不确定性，诸多难题仍有待解决。笔者建议，以菜鸟为主导的农村物流系统在进一步发展中需要注意以下几个问题。

第一，进一步发挥技术优势，为中国主要农产品市场转变为供求均衡摆动幅度较小的市场奠定基础。中国农产品市场价格变动的波峰差超过世界市场的波动水平，主要原因是中国农产品市场主体的组织水平低、信息技术与组织载体没有很好匹配。以菜鸟为代表的农村物流系统有条件为改变这种局面作出贡献。

第二，积极推动农业产业链重心"聚合—下沉"战略，为国家城乡融合发展作出更大贡献。中国农业产业链上的规模型企业主要集中在大中城市，这与很多原因有关，其中之一是县以下投资环境总体上逊于大中城市。从现有经验来看，菜鸟乡村物流有望为城乡流通效率均等化发挥作用。

第三，全面推进有利于农户就地、就近兼业的农村农业经营组织建设。这方面菜鸟已经做出很大成绩。但是，目前农村人力资本水平与就业市场需求的匹配程度还比较低，企业的用工需求还不稳定，多方面的配套改革措施尚未积极跟进，进一步努力的空间还很大。菜鸟等下乡进村的企业可利用自己的多重优势作出贡献。

第四，研究国内电商物流平台与农产品对外贸易全面衔接融合的可能性，积极寻求国家政策对电商物流深耕农产品国际贸易业务的支持。中国农业领域对外开放的程度只会越来越高，但中国面对的是国际农产品流通巨头，它们的资本与人才优势目前显著强于中国，这是中国在农产品国际贸易摩擦中处于被动地位的重要原因之一。菜鸟等企业扎根农村物流，有可能提高农产品的竞争力，从而为改变这种贸易不对称格局贡献力量。

第五，以菜鸟为代表的农村物流在乡村物流中心的创建中积累经验，为国家在城乡人口布局调整中形成以市镇为中心的乡村人口布局战略提供可资借鉴的经验模式。笔者的研究表明，建设约2万个人口规模3万人左右的中心市镇，是农村现代化的必要条件。市镇发展必须有产业支撑。农业产业链及与人口规模相关的其他产业所形成的经济规模，足以支撑市镇的可持续发展。但在这方面，中国积累的经验还不够。菜鸟农村物流产业应积极加大投入，带动更多企业在农村形成产业集群，将现有的1000个物流中心做大做强，并逐步扩大新中心的布局范围，为中国农村发展作出更大贡献。

参考文献

一 中文文献

（一）著作

江泽民：《全面建设小康社会 开创中国特色社会主义事业新局面——在中国共产党第十六次全国代表大会上的报告（2022年11月8日）》，人民出版社2002年版。

胡锦涛：《高举中国特色社会主义伟大旗帜 为夺取全面建设小康社会新胜利而奋斗——在中国共产党第十七次全国代表大会上的报告（2007年10月15日）》，人民出版社2007年版。

胡锦涛：《坚定不移沿着中国特色社会主义道路前进 为全面建成小康社会而奋斗——在中国共产党第十八次全国代表大会上的报告（2012年11月8日）》，人民出版社2012年版。

习近平：《决胜全面建成小康社会 夺取新时代中国特色社会主义伟大胜利——在中国共产党第十九次全国代表大会上的报告（2017年10月18日）》，人民出版社2017年版。

习近平：《高举中国特色社会主义伟大旗帜 为全面建设社会

主义现代化国家而团结奋斗——在中国共产党第二十次全国代表大会上的报告（2022年10月16日）》，人民出版社2022年版。

费孝通：《乡土中国》，上海人民出版社2006年版。

梁漱溟：《乡村建设理论》，上海人民出版社2011年版。

（二）期刊

毕玉：《基于B2C电子商务网站品牌研究——以当当网B2C电子商务网站品牌为例》，《现代营销》（学苑版）2021年第10期。

蔡波等：《农村专业大户农产品电商技术采纳行为及异质性分析——基于整合的技术采纳模型》，《农林经济管理学报》2021年第5期。

曹明贵：《农民工回乡创业的意义探析》，《消费导刊》2008年第15期。

曹荣庆等：《电商协会提升农村电商产业集群竞争力的作用》，《西北农林科技大学学报》（社会科学版）2018年第1期。

陈德宝：《农产品流通电商化新模式构建》，《商业时代》2013年第32期。

陈芳芳等：《电子商务驱动下的乡村治理多元化重构研究——基于山东省曹县大集镇的实证》，《现代城市研究》2016年第10期。

陈江华等：《家庭资源禀赋对农药包装物处理行为的影响——基于江西农户的抽样调查》，《农林经济管理学报》2022年第3期。

陈世华、黄盛泉：《分割社会：互联网时代的媒介场域研究》，《南昌大学学报》（人文社会科学版）2015年第5期。

陈卫平等：《社区支持型农业的发展现况与前景展望》，《农业展望》2011年第1期。

陈转青：《政策导向、市场导向对农户绿色生产的影响——基于河南865个农户的实证分析》，《管理学刊》2021年第5期。

程红莉：《农村电商发展模式的分析框架以及模式选择——农户为生产者的研究视角》，《江苏商论》2014年第11期。

程俊杰、陈柳：《长江经济带产业发展的结构协调与要素协同》，《改革》2021年第3期。

褚彩虹等：《农户采用环境友好型农业技术行为的实证分析——以有机肥与测土配方施肥技术为例》，《中国农村经济》2012年第3期。

崔凯、冯献：《演化视角下农村电商"上下并行"的逻辑与趋势》，《中国农村经济》2018年第3期。

崔丽丽等：《社会创新因素促进"淘宝村"电子商务发展的实证分析——以浙江丽水为例》，《中国农村经济》2014年第12期。

邓远建等：《绿色农业产地环境的生态补偿政策绩效评价》，《中国人口·资源与环境》2015年第1期。

董江爱、赵永霞：《性别视角下的政策供给与农村妇女参政》，《中国农村研究》2015年第2期。

董坤祥等：《创新导向的农村电商集群发展研究——基于遂昌模式和沙集模式的分析》，《农业经济问题》2016年第10期。

杜鹏：《家庭本位：新时代乡村治理的底层逻辑》，《社会科学研究》2022年第6期。

段禄峰、唐文文：《涉农电子商务发展的理论、外部性及政策选择》，《江苏农业科学》2016 年第 4 期。

付秀平：《农产品电子商务的"通榆模式"》，《新长征》2017 年第 10 期。

傅晋华：《基于"淘宝村"现象的乡村治理问题研究》，《中国国情国力》2021 年第 1 期。

郭承龙：《农村电商模式探析——基于淘宝村的调研》，《经济体制改革》2015 年第 5 期。

郭红东、周惠珺：《先前经验、创业警觉与农民创业机会识别——一个中介效应模型及其启示》，《浙江大学学报》（人文社会科学版）2013 年第 4 期。

郭娜、程祥芬：《网红经济背景下农产品线上销售模式研究》，《价格理论与实践》2020 年第 4 期。

郝茜：《新零售视角下 CSA 模式经营策略》，《农业工程》2019 年第 7 期。

贺雪峰：《乡村治理中的公共性与基层治理有效》，《武汉大学学报》（哲学社会科学版）2023 年第 1 期。

洪勇：《促进农村电商可持续发展探讨——从贯彻 2016 年中央一号文件出发》，《江苏商论》2016 年第 3 期。

洪勇：《我国农村电商发展的制约因素与促进政策》，《商业经济研究》2016 年第 4 期。

侯晶、侯博：《农户订单农业参与行为及其影响因素分析——基于计划行为理论视角》，《湖南农业大学学报》（社会科学版）2018 年第 1 期。

黄博：《数字赋能：大数据赋能乡村治理现代化的三维审视》，《河海大学学报》（哲学社会科学版）2021年第6期。

黄艳平、谭亚萍：《电商带动农村经济发展的研究》，《乡村科技》2019年第14期。

黄祖辉、俞宁：《新型农业经营主体：现状、约束与发展思路——以浙江省为例的分析》，《中国农村经济》2010年第10期。

贾立：《中国农民收入影响因素的实证分析》，《四川大学学报》（哲学社会科学版）2015年第6期。

焦长权、周飞舟：《"资本下乡"与村庄的再造》，《中国社会科学》2016年第1期。

李辉秋等：《乡村振兴战略下我国农村电商精准扶贫脱贫策略研究》，《山西农经》2021年第5期。

李琪等：《电子商务发展、空间溢出与农民收入增长》，《农业技术经济》2019年第4期。

李全海等：《参与电商能否促进设施蔬菜种植户绿色生产？——基于山东省五市十一县的微观调研》，《中国人口·资源与环境》2024年第2期。

李晓静等：《参与电商会促进猕猴桃种植户绿色生产技术采纳吗？——基于倾向得分匹配的反事实估计》，《中国农村经济》2020年第3期。

李勋华、何雄浪：《村级主要干部工作动力的影响因素分析及启示——以陕西省10市101个村为例》，《软科学》2009年第7期。

梁强等：《关系嵌入与创业集群发展：基于揭阳市军埔淘宝村

的案例研究》，《管理学报》2016年第8期。

梁振华等：《农村发展项目中的村干部能动行为分析——基于宁夏张村的个案研究》，《中国农业大学学报》（社会科学版）2013年第1期。

廖衡：《社区电子商务商业模式探究》，《商讯》2021年第2期。

刘飞：《制度嵌入性与地方食品系统——基于Z市三个典型社区支持农业（CSA）的案例研究》，《中国农业大学学报》（社会科学版）2012年第1期。

刘根荣：《电子商务对农村居民消费影响机理分析》，《中国流通经济》2017年第5期。

刘静娴、沈文星：《共建共治视角下农村电商发展模式研究》，《人民论坛·学术前沿》2018年第19期。

刘可：《农村电子商务发展模式比较分析》，《农村经济》2020年第1期。

刘筱红、陈琼：《村庄权力系统中女村官地位的类型分析——基于江西三个村的实证调查》，《妇女研究论丛》2005年第1期。

刘亚军：《互联网条件下的自发式包容性增长——基于一个"淘宝村"的纵向案例研究》，《社会科学》2017年第10期。

刘亚军、储新民：《中国"淘宝村"的产业演化研究》，《中国软科学》2017年第2期。

刘亚军等：《"互联网+农户+公司"的商业模式探析——来自"淘宝村"的经验》，《西北农林科技大学学报》（社会科学版）

2016 年第 6 期。

芦千文：《现代农业产业化联合体：组织创新逻辑与融合机制设计》，《当代经济管理》2017 年第 7 期。

芦千文等：《外部冲击与农村居民增收稳定性——基于新冠肺炎疫情影响的分析》，《当代经济管理》2020 年第 6 期。

罗春莲、王永成：《数字乡村建设背景下农村电商发展的问题与应对策略》，《现代化农业》2023 年第 11 期。

罗昊等：《农民参与农产品电商营销的行为分析——基于广东省农业乡镇的实证调查》，《农林经济管理学报》2019 年第 2 期。

罗磊等：《农民合作社规制与社员绿色生产行为：激励抑或约束》，《中国农业大学学报》2022 年第 12 期。

罗小娟等：《太湖流域农户环境友好型技术采纳行为及其环境和经济效应评价——以测土配方施肥技术为例》，《自然资源学报》2013 年第 11 期。

马文娟、马文艺：《农产品直播运营的可行路径探讨——以淘宝直播平台"主播+县长+明星"的特色直播脱贫模式为例》，《山西农经》2019 年第 22 期。

孟金睿：《探究 C2B 电商模式在农村的发展现状》，《现代农业研究》2020 年第 8 期。

穆燕鸿、王杜春：《农村电子商务模式构建及发展对策——以中国黑龙江省为例》，《世界农业》2016 年第 6 期。

聂召英、王伊欢：《乡村振兴战略下农村电商公共服务体系适应性问题研究——以 S 省 H 市 C 县 D 镇农村电商的实践为例》，《世界农业》2021年第4期。

邱碧珍：《中国农村电子商务模式研究》，《世界农业》2017年第6期。

任重、薛兴利：《粮农无公害农药使用意愿及其影响因素分析——基于609户种粮户的实证研究》，《干旱区资源与环境》2016年第7期。

沈费伟、袁欢：《大数据时代的数字乡村治理：实践逻辑与优化策略》，《农业经济问题》2020年第10期。

汤蓉、林勇：《基层治理中村干部年龄结构断层问题探析——以赣南地区X乡为例》，《村委主任》2023年第11期。

唐跃桓等：《电子商务发展与农民增收——基于电子商务进农村综合示范政策的考察》，《中国农村经济》2020年第6期。

陶钰等：《农村电商O2O模式发展思路及对策研究——以盐城市为例》，《中国战略新兴产业》2017年第48期。

田芊伊、鲁小艳：《乡村振兴视域下"东方甄选"直播带货助农的策略分析》，《商场现代化》2024年第3期。

田真平、王志华：《我国农村电子商务产业集群演进中的电商平台作用机制》，《江苏农业科学》2017年第20期。

汪强等：《基于F2C模式的农产品可视化溯源体系研究》，《河南农业大学学报》2023年第4期。

王保红：《F2C模式电子商务业务的研究》，《电子商务》2011年第8期。

王翠翠等：《电商参与促进农户绿色生产吗？——基于3省4县

812户果农的实证研究》,《中国人口·资源与环境》2022年第5期。

王飞:《基于C2C电子商务模式的农村物流发展体系构建探析》,《科技创新与生产力》2021年第3期。

王红等:《电子商务与农村经济发展》,《经营与管理》2014年第2期。

王建:《村庄非农化、社会资本与农民家庭收入》,《华南农业大学学报》(社会科学版)2019年第2期。

王建华等:《环境规制政策情境下农业市场化对畜禽养殖废弃物资源化处理行为的影响分析》,《中国农村经济》2022年第1期。

王金杰、李启航:《电子商务环境下的多维教育与农村居民创业选择——基于CFPS2014和CHIPS2013农村居民数据的实证分析》,《南开经济研究》2017年第6期。

王胜、丁忠兵:《农产品电商生态系统——一个理论分析框架》,《中国农村观察》2015年第4期。

王亚华、李星光:《数字技术赋能乡村治理的制度分析与理论启示》,《中国农村经济》2022年第8期。

王妍、兰亚春:《欠发达地区乡村治理主体多元协同机制构建》,《人民论坛》2015年第29期。

魏畅:《互联网背景下农村经济发展存在的问题以及对策》,《农村经济与科技》2020年第19期。

魏程琳:《家庭工作两相顾:乡村治理转型中村干部性别更替现象的经验阐释》,《当代青年研究》2023年第5期。

吴智峰：《C2F 变革：长尾效应下农村电商物流运行机制优化探析》，《河北农业大学学报》（社会科学版）2021 年第 5 期。

武晓钊：《农村电子商务与物流配送运营服务体系建设》，《中国流通经济》2016 年第 8 期。

徐东亮：《乡村振兴背景下农村电商、财政激励促进产业转型升级策略研究》，《内蒙古财经大学学报》2022 年第 3 期。

徐智邦等：《中国"淘宝村"的空间分布特征及驱动因素分析》，《经济地理》2017 年第 1 期。

薛洲、耿献辉：《电商平台、熟人社会与农村特色产业集群——沙集"淘宝村"的案例》，《西北农林科技大学学报》（社会科学版）2018 年第 5 期。

闫贝贝等：《社会学习对农户农产品电商采纳的影响——基于电商认知的中介作用和政府支持的调节作用》，《西北农林科技大学学报》（社会科学版）2022 年第 4 期。

杨华：《中国农村的"半工半耕"结构》，《农业经济问题》2015 年第 9 期。

杨静等：《新农村建设中农业电子商务模式创新研究》，《中国科技论坛》2008 年第 8 期。

杨琨、杨伟：《"网络直播+"：移动互联网影响下的品牌营销新模式》，《出版广角》2017 年第 10 期。

杨玉苹等：《农户参与农业生态转型：预期效益还是政策激励？》，《中国人口·资源与环境》2019 年第 8 期。

杨跃辉：《农产品电子商务研究文献综述》，《安徽农业科学》

2011年第18期。

杨子砚、文峰：《从务工到创业——农地流转与农村劳动力转移形式升级》，《管理世界》2020年第7期。

姚庆荣：《"互联网+"背景下甘肃电子商务发展的现状、问题及对策建议》，《农村经济与科技》2016年第8期。

叶秀敏：《涉农电子商务的主要形态及对农村社会转型的意义》，《中国党政干部论坛》2014年第5期。

尹志超等：《移动支付对创业的影响——来自中国家庭金融调查的微观证据》，《中国工业经济》2019年第3期。

于海云等：《乡村电商创业集聚的动因及机理研究——以江苏沭阳"淘宝村"为例》，《经济管理》2018年第12期。

于含、张昶：《河北省农村电子商务发展模式探讨》，《商业经济研究》2016年第12期。

余威震等：《绿色认知视角下农户绿色技术采纳意愿与行为悖离研究》，《资源科学》2017年第8期。

俞可平：《治理和善治：一种新的政治分析框架》，《南京社会科学》2001年第9期。

苑丰、金太军：《从"权力的文化网络"到"资源的文化网络"——一个乡村振兴视角下的分析框架》，《河南大学学报》（社会科学版）2019年第2期。

曾亿武等：《农村信息化发展顶层设计：政策回顾与前瞻》，《农林经济管理学报》2020年第1期。

曾亿武等：《农业电子商务国内外研究现状与展望》，《中国农村观察》2016年第3期。

曾亿武等：《淘宝村形成过程研究：以东风村和军埔村为例》，《经济地理》2015年第12期。

曾亿武等：《先前经验、社会资本与农户电商采纳行为》，《农业技术经济》2019年第3期。

展进涛等：《汇聚涓涓细流：农村电商的收入效应与溢出效应研究——基于全国1809个县的证据》，《南京农业大学学报》（社会科学版）2024年第2期。

张宸、周耿：《淘宝村产业集聚的形成和发展机制研究》，《农业经济问题》2019年第4期。

张晟义、孙钦明：《用户参与创新的C2B电子商务供应链模式探讨——基于交易成本理论》，《商业经济研究》2019年第13期。

张闯等：《服务主导逻辑下B2B电商平台企业生态优势构建机制——基于华采找鱼的探索性案例研究》，《南开管理评论》2023年第3期。

张海彬：《O2O农产品电子商务的机遇、问题与对策》，《农业经济》2016年第10期。

张虹：《社交微商与劳动赋权：基于农村青年妈妈的质化研究》，《山西农业大学学报》（社会科学版）2021年第1期。

张连刚等：《农民专业合作社参与和乡村治理绩效提升：作用机制与依存条件——基于4个典型示范社的跨案例分析》，《中国农村经济》2023年第6期。

张益丰、史润：《订单农业核心价值与创新动能的双重检视》，

《西北农林科技大学学报》（社会科学版）2022年第5期。

张云华等：《农户采用无公害和绿色农药行为的影响因素分析——对山西、陕西和山东15县（市）的实证分析》，《中国农村经济》2004年第1期。

赵建伟等：《农村电子商务空间差异及影响因素研究——基于江苏省农村电子商务发展指数的分析》，《价格理论与实践》2019年第7期。

郑新煌、孙久文：《农村电子商务发展中的集聚效应研究》，《学习与实践》2016年第6期。

周应恒、刘常瑜：《"淘宝村"农户电商创业集聚现象的成因探究——基于沙集镇和颜集镇的调研》，《南方经济》2018年第1期。

朱邦耀等：《C2C电子商务模式下中国"淘宝村"的空间聚集格局与影响因素》，《经济地理》2016年第4期。

庄彩云、文革：《村干部队伍建设存在的问题及解决对策》，《安徽农学通报》2021年第22期。

（三）论文

胡腾飞：《村干部行为逻辑与乡村社会参与式治理研究——基于农村电商的实地调查》，硕士学位论文，中共中央党校（国家行政学院）2021年。

孔德昇：《山西省农业会展发展研究》，硕士学位论文，山西农业大学，2019年。

屈小博：《不同经营规模农户市场行为研究——基于陕西省果农的理论与实证》，博士学位论文，西北农林科技大学，2008年。

王一辰：《河北省农村电子商务发展的制约因素研究》，硕士学位论文，河北经贸大学，2017年。

（四）报纸

包利姣、钱冰冰：《桐庐闯出山区"城乡交通运输一体化"发展新路径》，《钱江晚报》2017年8月18日第7版。

董静怡：《东方甄选、疯狂小杨哥陷"梅菜扣肉"风波，直播售货食品安全问题何解？》，《21世纪经济报道》2024年3月19日。

梁倩：《国家邮政局：快递乡镇网点覆盖率达98%》，《经济参考报》2021年10月15日。

汪鑫伟：《拥抱短视频平台的清河羊绒》，《河北日报》2023年10月26日第7版。

王政：《我国现有行政村已全面实现"村村通宽带"——完善信息网 发展有保障》，《人民日报》2022年1月4日第6版。

（五）网络

《2018年做农业不迷路盘点农村电商11个成功模式》，搜狐网，2018年3月7日，https：//www.sohu.com/a/224507416_100069746。

《2021阿里农产品电商报告》，搜狐网，2021年7月28日，https：//business.sohu.com/a/480083877_483389。

阿坝州茂县人民政府：《县财政部门及时下达2019年中央财政电子商务进农村综合示范补助资金500万元》，搜狐网，2019年8月26日，https：//www.sohu.com/a/336498172_120204593。

阿里研究院：《1%的改变——2020中国淘宝村研究报告》，2020年10月20日，https：//baijiahao.baidu.com/s?id=16810419472070 3712

5&wfr=spider&for=pc。

《代表委员履职进行时｜全国人大代表王馨：建议推进农村青年积极有效参与乡村社会治理》，2021年3月3日，河南省人民政府，https：//www.henan.gov.cn/2021/03-03/2101456.html。

《对十四届全国人大一次会议第7065号建议的答复》，2023年12月4日，https：//xxgk.mot.gov.cn/2020/jigou/glj/202312/t20231204_3961958.html。

《福建省以上财政已投入7.03亿元支持农村电商发展》，东南网，2020年7月17日，http：//fjnews.fjsen.com/2020-07-17/content_30407085.htm。

《昌西村消费直通车卖"土货"助农增收》，2021年6月11日，海口日报，http：//www.hkwb.net/news/content/2021-06/11/content_3974873.htm。

《海口市琼山区甲子镇昌西村脱贫户王传书：从"乡村买手"到"海口创业之星"》，2020年7月20日，海南特区报，https：//www.hntqb.com/html/2020-07/20/content_3039_3013267.htm。

洪宇涵：《用农村淘宝把农产品亩产做到1000美金》，2018年4月20日，搜狐网，https：//www.sohu.com/a/228897531_118622。

侯雪静：《我国加快推进农村交通基础设施建设助力乡村振兴》，新华网，2019年10月27日，http：//www.xinhuanet.com/politics/2019-10/27/c_1125158783.htm。

黄一灵：《培养新农业电商人才 拼多多与上海农业农村委达成战略合作》，2020年9月1日，https：//www.cs.com.cn/ssgs/

gsxw/202009/t20200901_6090987.html。

江涛：《建立农村电商"四个平台"推动产业升级农民增收》，红网，2023年4月12日，https：//hh.rednet.cn/content/646748/56/12553344.html。

快手三农、快手大数据研究院、农民日报新媒体：《2023快手三农生态数据报告》，2023年10月26日，中国农科新闻网，http：//www.nkb.com.cn/2023/1026/463055.html。

《两会好声音｜海南省人大代表徐取俊：建立乡村振兴人才库　出台长效人才扶持政策》，2023年1月17日，南海网，htp：//www.hinews.cn/news/system/2023/01/17/032908272.shtml。

《凌云县平林村第一书记：刘鹏辉用行动书写"大民生"》，2024年4月19日，广西新闻网，https：//tv.gxnews.com.cn/staticpages/20240419/newgx66223095-21494097.shtml。

刘守英：《"沙集模式"——数字时代传统乡村的后发"秘籍"》，2022年3月28日，https：//www.sohu.com/a/533420753_121119241。

《你直播带货我搭顺风车　电商带"火"农产品消费》，2020年7月30日，大河网，https：//news.dahe.cn/2020/07-30/697800.html。

《农村淘宝从量变到质变　横向整合阿里全集团资源》，2017年10月31日，中华网，http：//finance.china.com.cn/industry/20171031/4418226.shtml。

全国妇联妇女发展部．阿里研究院、中国新就业形态研究中心、课题组：《释放数字性别红利　发挥数字经济"她"力量：数字经济与中国妇女就业创业研究报告》，2022年3月4日，光明网，https：//m.gmw.cn/baijia/2022-03/04/35563808.html。

羌妹苏苏：《漫谈武功（八）电商之路：人》，今日头条，2022年11月8日，https：//www.toutiao.com/article/7162796847105360395/。

《人民巷头条｜宁夏"银发老人"转型做网红 直播带货迈向新生活》，2021年8月13日，人民网—宁夏频道，http：//nx.people.com.cn/n2/2021/0813/c192493-34866865.html。

《商务部：2023全年农村和农产品网络零售额分别达2.49万亿元和0.59万亿元》，网经社，2024年1月19日，http：//www.100ec.cn/home/detail-6635766.html。

沈阳市农业农村局：《关于对推动农村电子商务发展的提案（第581号）的答复》，2022年8月8日，https：//nyncj.shenyang.gov.cn/zwgk/fdzdgknr/jyta/zxta/202208/t20220815_3910071.html。

《食品生鲜消费潮流与商业创新前瞻（2021）》，搜狐网，2021年5月12日，https：//www.sohu.com/a/465893393_407401。

舒晶晶、何鹏：《中国淘宝村研究报告（2009—2019）发布》，央广网，http：//country.cnr.cn/gundong/20190901/t20190901。

《"网店第一村"义乌青岩刘村：多的是年轻创业者》，无限金华客户端，2018年1月22日，https：//zj.qq.com/a/20180122/015440.htm。

韦夏怡：《社交电商发力助农新模式 赋能大众就业》，经济参考网，http：//www.jjckb.cn/2020-06/22/c_139158430.htm。

《县长明星网红农民齐上阵 一块屏幕改变扶贫"套路"》，2019年1月12日，新浪网，https：//news.sina.com.cn/s/2019-

01-13/doc-ihqfskcn6391609.shtml。

《新网络视野下的直播短视频领域：多元就业模式分析报告——以快手平台带动新青年就业情况为例》，2023年5月12日，快手，https：//ir.kuaishou.com/zh-hans/node/8471/pdf。

薛志超：《"清河模式"的前世今生——解读清河县电子商务发展之路》，2020年9月28日，http：//blog.sina.com.cn/s/blog_1559690d60102w4uv.html。

《疫情下农产品稳产保供 惠农网做了这些事》，2020年2月27日，红网，https：//hnny.rednet.cn/content/2020/02/27/6816739.html。

詹小乐、王紫玉：《喀左一站式农业社会化综合服务平台"为农服务中心"正式启用》，中国网，2023年7月3日，http：//ydyl.china.com.cn/2023-07/03/content_90880929.shtml。

张辉：《推动农村创业创新 加快培育农村发展新动能——在部分县（市、区）推进农业供给侧结构性改革和农村创业创新经验交流活动上的讲话》，2017年2月22日，农业农村部，http：//www.moa.gov.cn/ztzl/scw/scdtnc/201702/t20170222_5491595.htm。

《直播带货火了 脱贫攻坚稳了——湛江市遂溪县：农村电商开辟脱贫致富新道路》，2020年5月24日，南方网，https：//live.southcn.com/node_c0c8c66a9f/eccf407170.shtml。

《直播带货为脱贫攻坚"输血"又"造血"》，2020年6月9日，华声在线，http：//opinion.voc.com.cn/article/202006/202006090902114619.html。

《中国发展观察》杂志社调研组：《青岩刘："网店第一村"演

绎"双创"传奇》,《中国发展观察》,2019年10月30日, http://cdo.develpress.com/?p=8494。

中国农业大学智慧电商研究院、艾媒研究院:《2021年中国农货新消费发展专题研究报告》,中国农业大学官网,2021年5月28日, https://xncfz.cau.edu.cn/module/download/downfile.jsp?filename=7e6ad0765a214395a91c06d457ff7233.pdf。

中华人民共和国商务部:《中国电子商务报告2022》, http://dzsws.mofcom.gov.cn/zthd/ndbg/art/2023/art_21d89f715e43475eae4c420a9d787d41.html。

中商情报网:《2018年全国农村网络零售额达1.37万亿元 同比增长30.4%》,2019年3月7日, https://www.askci.com/news/chanye/20190307/1110。

周凤梅、王辉:《县长开直播 带货助脱贫》,中国日报网,2020年4月2日, https://cn.chinadaily.com.cn/a/202004/02/WS5e85c000a3107bb6b57aa7ad.html。

(六) 其他

《第50次〈中国互联网络发展状况统计报告〉——专家解读》,中国互联网信息中心微信公众号,2022年8月31日。

上官云:《商务部:全国农村网商突破1300万家》,中新闻客户端,2020年3月28日。

《拥抱幸福乡村——2021快手三农生态报告》,快手,2021年12月24日。

《直播电商助农成新风口:2019年快手帮助贫困用户卖货193

亿》，快手，2020 年 4 月 22 日。

中国农业科学院农业信息研究所：《中国农产品及主要产品电子零售市场分析报告》，2020 年。

《中央财政再推电商进农村》，财政部微信公众号，2020 年 6 月 5 日。

二 外文文献

Okoli C., et al., "The Effects of Infrastructure and Policy on E-Business in Latin America and Sub-Saharan Africa", *European Journal of Information Systems*, 2010, Vol. 19, No. 1.

Shepherd D. A., et al., "New Venture Survival: Ignorance, External Shocks, and Risk Reduction Strategies", *Journal of Business Venturing*, 2010, Vol. 15, No. 4.